BASKETBALL SCORE SHEET

D1297909

	Type	Age Group		
Date _____	☐ Traditional	☐		5
Game Time _____	☐ Unified	☐		6
Site _____	**Sex**	☐ Senior	☐	7
Court # _____	☐ Men	☐ Master	☐ 4 ☐	8
Referees _____	☐ Women	☐ Senior Master		

VISITORS _____

Uniform Color _____

Team Fouls:

1st Half | 1 | 2 | 3 | 4 | 5 | 6 | 7 | 8 | 9 | 10 | +

2nd Half | 1 | 2 | 3 | 4 | 5 | 6 | 7 | 8 | 9 | 10 | +

1 + 1 | 2 Shots

Time Outs: 60 Secs | 1 | 2 | 3

30 Secs | 1 | 2

SCORING: 3 = 3 point goal 2 = 2 point goal
● = FT Made   ○ = FT missed

No.	U	Player	Fouls					1st	2nd	3rd	4th
			1	2	3	4	5				
			1	2	3	4	5				
			1	2	3	4	5				
			1	2	3	4	5				
			1	2	3	4	5				
			1	2	3	4	5				
			1	2	3	4	5				
			1	2	3	4	5				
			1	2	3	4	5				
			1	2	3	4	5				
			1	2	3	4	5				
			1	2	3	4	5				

FINAL SCORE: _____ | Quarter Total

Running Score

1	29	57
2	30	58
3	31	59
4	32	60
5	33	61
6	34	62
7	35	63
8	36	64
9	37	65
10	38	66
11	39	67
12	40	68
13	41	69
14	42	70
15	43	71
16	44	72
17	45	73
18	46	74
19	47	75
20	48	76
21	49	77
22	50	78
23	51	79
24	52	80
25	53	81
26	54	82
27	55	83
28	56	84

Alternating Possession | H | V | H | V | H | V | H | V | H | V | H | V | H | V | H | V | H | V | H | V | H | V | H | V

Defensive Warning ☐ ☐

HOME _____

Uniform Color _____

Team Fouls:

1st Half | 1 | 2 | 3 | 4 | 5 | 6 | 7 | 8 | 9 | 10 | +

2nd Half | 1 | 2 | 3 | 4 | 5 | 6 | 7 | 8 | 9 | 10 | +

1 + 1 | 2 Shots

Time Outs: 60 Secs | 1 | 2 | 3

30 Secs | 1 | 2

SCORING: 3 = 3 point goal 2 = 2 point goal
● = FT Made   ○ = FT missed

No.	U	Player	Fouls					1st	2nd	3rd	4th
			1	2	3	4	5				
			1	2	3	4	5				
			1	2	3	4	5				
			1	2	3	4	5				
			1	2	3	4	5				
			1	2	3	4	5				
			1	2	3	4	5				
			1	2	3	4	5				
			1	2	3	4	5				
			1	2	3	4	5				
			1	2	3	4	5				
			1	2	3	4	5				

_____ | Quarter Total

Running Score

1	29	57
2	30	58
3	31	59
4	32	60
5	33	61
6	34	62
7	35	63
8	36	64
9	37	65
10	38	66
11	39	67
12	40	68
13	41	69
14	42	70
15	43	71
16	44	72
17	45	73
18	46	74
19	47	75
20	48	76
21	49	77
22	50	78
23	51	79
24	52	80
25	53	81
26	54	82
27	55	83
28	56	84

BASKETBALL SCORE SHEET

		Type		Age Group		Division			
Date _____		☐	Traditional	☐	Youth	☐	1	☐	5
Game Time _____		☐	Unified	☐	Junior	☐	2	☐	6
Site _____		**Sex**		☐	Senior	☐	3	☐	7
Court # _____		☐	Men	☐	Master	☐	4	☐	8
Referees _____		☐	Women	☐	Senior Master				

VISITORS

VISITORS _____   Uniform Color _____

Team Fouls:

1st Half: | 1 | 2 | 3 | 4 | 5 | 6 | | 7 | 8 | 9 | | 10 | + |

2nd Half: | 1 | 2 | 3 | 4 | 5 | 6 | | 7 | 8 | 9 | | 10 | + |

1 + 1   2 Shots

Time Outs: 60 Secs | 1 | 2 | 3 |

30 Secs | 1 | 2 |

Running Score

1	29	57
2	30	58
3	31	59
4	32	60
5	33	61
6	34	62
7	35	63
8	36	64
9	37	65
10	38	66
11	39	67
12	40	68
13	41	69
14	42	70
15	43	71
16	44	72
17	45	73
18	46	74
19	47	75
20	48	76
21	49	77
22	50	78
23	51	79
24	52	80
25	53	81
26	54	82
27	55	83
28	56	84

No.	U	Player	Fouls					SCORING: 3 = 3 point goal 2 = 2 point goal • = FT Made O = FT missed			
								1st	2nd	3rd	4th
			1	2	3	4	5				
			1	2	3	4	5				
			1	2	3	4	5				
			1	2	3	4	5				
			1	2	3	4	5				
			1	2	3	4	5				
			1	2	3	4	5				
			1	2	3	4	5				
			1	2	3	4	5				
			1	2	3	4	5				
			1	2	3	4	5				
			1	2	3	4	5				

FINAL SCORE: _____   Quarter Total

Alternating Possession: | H | V | H | V | H | V | H | V | H | V | H | V | H | V | H | V | H | V | H | V | H | V | H | V |

Defensive Warning | | |

HOME

HOME _____   Uniform Color _____

Team Fouls:

1st Half: | 1 | 2 | 3 | 4 | 5 | 6 | | 7 | 8 | 9 | | 10 | + |

2nd Half: | 1 | 2 | 3 | 4 | 5 | 6 | | 7 | 8 | 9 | | 10 | + |

1 + 1   2 Shots

Time Outs: 60 Secs | 1 | 2 | 3 |

30 Secs | 1 | 2 |

Running Score

1	29	57
2	30	58
3	31	59
4	32	60
5	33	61
6	34	62
7	35	63
8	36	64
9	37	65
10	38	66
11	39	67
12	40	68
13	41	69
14	42	70
15	43	71
16	44	72
17	45	73
18	46	74
19	47	75
20	48	76
21	49	77
22	50	78
23	51	79
24	52	80
25	53	81
26	54	82
27	55	83
28	56	84

No.	U	Player	Fouls					SCORING: 3 = 3 point goal 2 = 2 point goal • = FT Made o = FT missed			
								1st	2nd	3rd	4th
			1	2	3	4	5				
			1	2	3	4	5				
			1	2	3	4	5				
			1	2	3	4	5				
			1	2	3	4	5				
			1	2	3	4	5				
			1	2	3	4	5				
			1	2	3	4	5				
			1	2	3	4	5				
			1	2	3	4	5				
			1	2	3	4	5				
			1	2	3	4	5				

_____   Quarter Total

BASKETBALL SCORE SHEET

Date _____	
Game Time _____	
Site _____	
Court # _____	
Referees _____	

Type
- ☐ Traditional
- ☐ Unified

Sex
- ☐ Men
- ☐ Women

Age Group
- ☐ Youth
- ☐ Junior
- ☐ Senior
- ☐ Master
- ☐ Senior Master

Division
- ☐ 1   ☐ 5
- ☐ 2   ☐ 6
- ☐ 3   ☐ 7
- ☐ 4   ☐ 8

VISITORS _____

Uniform Color _____

Team Fouls:
1st Half | 1 | 2 | 3 | 4 | 5 | 6 | | 7 | 8 | 9 | | 10 | + |
2nd Half | 1 | 2 | 3 | 4 | 5 | 6 | | 7 | 8 | 9 | | 10 | + |
1 + 1   2 Shots

Time Outs: 60 Secs | 1 | 2 | 3 |
30 Secs | 1 | 2 |

No.	U	Player	Fouls					SCORING: 3 = 3 point goal 2 = 2 point goal ● = FT Made O = FT missed			
								1st	2nd	3rd	4th
			1	2	3	4	5				
			1	2	3	4	5				
			1	2	3	4	5				
			1	2	3	4	5				
			1	2	3	4	5				
			1	2	3	4	5				
			1	2	3	4	5				
			1	2	3	4	5				
			1	2	3	4	5				
			1	2	3	4	5				
			1	2	3	4	5				
			1	2	3	4	5				

FINAL SCORE: _____ Quarter Total

Running Score

1	29	57
2	30	58
3	31	59
4	32	60
5	33	61
6	34	62
7	35	63
8	36	64
9	37	65
10	38	66
11	39	67
12	40	68
13	41	69
14	42	70
15	43	71
16	44	72
17	45	73
18	46	74
19	47	75
20	48	76
21	49	77
22	50	78
23	51	79
24	52	80
25	53	81
26	54	82
27	55	83
28	56	84

Alternating Possession | H | V | H | V | H | V | H | V | H | V | H | V | H | V | H | V | H | V | H | V | H | V | H | V | H | V | H | V |

Defensive Warning [ ][ ]

HOME _____

Uniform Color _____

Team Fouls:
1st Half | 1 | 2 | 3 | 4 | 5 | 6 | | 7 | 8 | 9 | | 10 | + |
2nd Half | 1 | 2 | 3 | 4 | 5 | 6 | | 7 | 8 | 9 | | 10 | + |
1 + 1   2 Shots

Time Outs: 60 Secs | 1 | 2 | 3 |
30 Secs | 1 | 2 |

No.	U	Player	Fouls					SCORING: 3 = 3 point goal 2 = 2 point goal ● = FT Made ○ = FT missed			
								1st	2nd	3rd	4th
			1	2	3	4	5				
			1	2	3	4	5				
			1	2	3	4	5				
			1	2	3	4	5				
			1	2	3	4	5				
			1	2	3	4	5				
			1	2	3	4	5				
			1	2	3	4	5				
			1	2	3	4	5				
			1	2	3	4	5				
			1	2	3	4	5				
			1	2	3	4	5				

_____ Quarter Total

Running Score

1	29	57
2	30	58
3	31	59
4	32	60
5	33	61
6	34	62
7	35	63
8	36	64
9	37	65
10	38	66
11	39	67
12	40	68
13	41	69
14	42	70
15	43	71
16	44	72
17	45	73
18	46	74
19	47	75
20	48	76
21	49	77
22	50	78
23	51	79
24	52	80
25	53	81
26	54	82
27	55	83
28	56	84

BASKETBALL SCORE SHEET

Date _____		
Game Time _____		
Site _____		
Court # _____		
Referees _____		

Type
- ☐ Traditional
- ☐ Unified

Sex
- ☐ Men
- ☐ Women

Age Group
- ☐ Youth
- ☐ Junior
- ☐ Senior
- ☐ Master
- ☐ Senior Master

Division
- ☐ 1 ☐ 5
- ☐ 2 ☐ 6
- ☐ 3 ☐ 7
- ☐ 4 ☐ 8

VISITORS _____

Uniform Color _____

Team Fouls:
| 1st Half | 1 2 3 4 5 6 | 7 8 9 | 10 + |
| 2nd Half | 1 2 3 4 5 6 | 7 8 9 | 10 + |

1 + 1   2 Shots

Time Outs: 60 Secs | 1 2 3 |
30 Secs | 1 2 |

No.	U	Player	Fouls					SCORING: 3 = 3 point goal 2 = 2 point goal • = FT Made O = FT missed			
								1st	2nd	3rd	4th
			1	2	3	4	5				
			1	2	3	4	5				
			1	2	3	4	5				
			1	2	3	4	5				
			1	2	3	4	5				
			1	2	3	4	5				
			1	2	3	4	5				
			1	2	3	4	5				
			1	2	3	4	5				
			1	2	3	4	5				
			1	2	3	4	5				
			1	2	3	4	5				

FINAL SCORE: _____   Quarter Total

Running Score
1	29	57
2	30	58
3	31	59
4	32	60
5	33	61
6	34	62
7	35	63
8	36	64
9	37	65
10	38	66
11	39	67
12	40	68
13	41	69
14	42	70
15	43	71
16	44	72
17	45	73
18	46	74
19	47	75
20	48	76
21	49	77
22	50	78
23	51	79
24	52	80
25	53	81
26	54	82
27	55	83
28	56	84

Alternating Possession | H V H V H V H V H V H V H V H V H V H V H V H V

Defensive Warning ☐☐

HOME _____

Uniform Color _____

Team Fouls:
| 1st Half | 1 2 3 4 5 6 | 7 8 9 | 10 + |
| 2nd Half | 1 2 3 4 5 6 | 7 8 9 | 10 + |

1 + 1   2 Shots

Time Outs: 60 Secs | 1 2 3 |
30 Secs | 1 2 |

No.	U	Player	Fouls					SCORING: 3 = 3 point goal 2 = 2 point goal • = FT Made o = FT missed			
								1st	2nd	3rd	4th
			1	2	3	4	5				
			1	2	3	4	5				
			1	2	3	4	5				
			1	2	3	4	5				
			1	2	3	4	5				
			1	2	3	4	5				
			1	2	3	4	5				
			1	2	3	4	5				
			1	2	3	4	5				
			1	2	3	4	5				
			1	2	3	4	5				
			1	2	3	4	5				

_____   Quarter Total

Running Score
1	29	57
2	30	58
3	31	59
4	32	60
5	33	61
6	34	62
7	35	63
8	36	64
9	37	65
10	38	66
11	39	67
12	40	68
13	41	69
14	42	70
15	43	71
16	44	72
17	45	73
18	46	74
19	47	75
20	48	76
21	49	77
22	50	78
23	51	79
24	52	80
25	53	81
26	54	82
27	55	83
28	56	84

BASKETBALL SCORE SHEET

Date	_____
Game Time	_____
Site	_____
Court #	_____
Referees	_____

Type
- ☐ Traditional
- ☐ Unified

Sex
- ☐ Men
- ☐ Women

Age Group
- ☐ Youth
- ☐ Junior
- ☐ Senior
- ☐ Master
- ☐ Senior Master

Division
- ☐ 1
- ☐ 2
- ☐ 3
- ☐ 4
- ☐ 5
- ☐ 6
- ☐ 7
- ☐ 8

VISITORS _____

Uniform Color _____

Team Fouls:
1st Half: 1 2 3 4 5 6   7 8 9   10 +
2nd Half: 1 2 3 4 5 6   7 8 9   10 +
1 + 1   2 Shots

Time Outs: 60 Secs: 1 2 3
30 Secs: 1 2

No.	U	Player	Fouls					SCORING: 3 = 3 point goal 2 = 2 point goal ● = FT Made ○ = FT missed			
								1st	2nd	3rd	4th
			1	2	3	4	5				
			1	2	3	4	5				
			1	2	3	4	5				
			1	2	3	4	5				
			1	2	3	4	5				
			1	2	3	4	5				
			1	2	3	4	5				
			1	2	3	4	5				
			1	2	3	4	5				
			1	2	3	4	5				
			1	2	3	4	5				
			1	2	3	4	5				

FINAL SCORE: _____   Quarter Total

Running Score

1	29	57	15	43	71
2	30	58	16	44	72
3	31	59	17	45	73
4	32	60	18	46	74
5	33	61	19	47	75
6	34	62	20	48	76
7	35	63	21	49	77
8	36	64	22	50	78
9	37	65	23	51	79
10	38	66	24	52	80
11	39	67	25	53	81
12	40	68	26	54	82
13	41	69	27	55	83
14	42	70	28	56	84

Alternating Possession
H V H V H V H V H V H V H V H V H V H V H V H V H V

Defensive Warning ☐ ☐

HOME _____

Uniform Color _____

Team Fouls:
1st Half: 1 2 3 4 5 6   7 8 9   10 +
2nd Half: 1 2 3 4 5 6   7 8 9   10 +
1 + 1   2 Shots

Time Outs: 60 Secs: 1 2 3
30 Secs: 1 2

No.	U	Player	Fouls					SCORING: 3 = 3 point goal 2 = 2 point goal ● = FT Made ○ = FT missed			
								1st	2nd	3rd	4th
			1	2	3	4	5				
			1	2	3	4	5				
			1	2	3	4	5				
			1	2	3	4	5				
			1	2	3	4	5				
			1	2	3	4	5				
			1	2	3	4	5				
			1	2	3	4	5				
			1	2	3	4	5				
			1	2	3	4	5				
			1	2	3	4	5				
			1	2	3	4	5				

_____   Quarter Total

Running Score

1	29	57	15	43	71
2	30	58	16	44	72
3	31	59	17	45	73
4	32	60	18	46	74
5	33	61	19	47	75
6	34	62	20	48	76
7	35	63	21	49	77
8	36	64	22	50	78
9	37	65	23	51	79
10	38	66	24	52	80
11	39	67	25	53	81
12	40	68	26	54	82
13	41	69	27	55	83
14	42	70	28	56	84

BASKETBALL SCORE SHEET

Date	_____
Game Time	_____
Site	_____
Court #	_____
Referees	_____

Type
☐ Traditional
☐ Unified

Sex
☐ Men
☐ Women

Age Group
☐ Youth
☐ Junior
☐ Senior
☐ Master
☐ Senior Master

Division
☐ 1 ☐ 5
☐ 2 ☐ 6
☐ 3 ☐ 7
☐ 4 ☐ 8

VISITORS _____

Uniform Color _____

Team Fouls:

1st Half | 1 2 3 4 5 6 | 7 8 9 | 10 +

2nd Half | 1 2 3 4 5 6 | 7 8 9 | 10 +

1 + 1   2 Shots

Time Outs: 60 Secs | 1 2 3

30 Secs | 1 2

No.	U	Player	Fouls					SCORING: 3 = 3 point goal 2 = 2 point goal • = FT Made O = FT missed			
								1st	2nd	3rd	4th
			1	2	3	4	5				
			1	2	3	4	5				
			1	2	3	4	5				
			1	2	3	4	5				
			1	2	3	4	5				
			1	2	3	4	5				
			1	2	3	4	5				
			1	2	3	4	5				
			1	2	3	4	5				
			1	2	3	4	5				
			1	2	3	4	5				
			1	2	3	4	5				

FINAL SCORE: _____   Quarter Total

Running Score

1	29	57
2	30	58
3	31	59
4	32	60
5	33	61
6	34	62
7	35	63
8	36	64
9	37	65
10	38	66
11	39	67
12	40	68
13	41	69
14	42	70
15	43	71
16	44	72
17	45	73
18	46	74
19	47	75
20	48	76
21	49	77
22	50	78
23	51	79
24	52	80
25	53	81
26	54	82
27	55	83
28	56	84

Alternating Possession | H V H V H V H V H V H V H V H V H V H V H V H V H V

Defensive Warning ☐ ☐

HOME _____

Uniform Color _____

Team Fouls:

1st Half | 1 2 3 4 5 6 | 7 8 9 | 10 +

2nd Half | 1 2 3 4 5 6 | 7 8 9 | 10 +

1 + 1   2 Shots

Time Outs: 60 Secs | 1 2 3

30 Secs | 1 2

No.	U	Player	Fouls					SCORING: 3 = 3 point goal 2 = 2 point goal • = FT Made o = FT missed			
								1st	2nd	3rd	4th
			1	2	3	4	5				
			1	2	3	4	5				
			1	2	3	4	5				
			1	2	3	4	5				
			1	2	3	4	5				
			1	2	3	4	5				
			1	2	3	4	5				
			1	2	3	4	5				
			1	2	3	4	5				
			1	2	3	4	5				
			1	2	3	4	5				
			1	2	3	4	5				

_____   Quarter Total

Running Score

1	29	57
2	30	58
3	31	59
4	32	60
5	33	61
6	34	62
7	35	63
8	36	64
9	37	65
10	38	66
11	39	67
12	40	68
13	41	69
14	42	70
15	43	71
16	44	72
17	45	73
18	46	74
19	47	75
20	48	76
21	49	77
22	50	78
23	51	79
24	52	80
25	53	81
26	54	82
27	55	83
28	56	84

BASKETBALL SCORE SHEET

Date _____

Game Time _____

Site _____

Court # _____

Referees _____

Type
- ☐ Traditional
- ☐ Unified

Sex
- ☐ Men
- ☐ Women

Age Group
- ☐ Youth
- ☐ Junior
- ☐ Senior
- ☐ Master
- ☐ Senior Master

Division
- ☐ 1
- ☐ 2
- ☐ 3
- ☐ 4
- ☐ 5
- ☐ 6
- ☐ 7
- ☐ 8

VISITORS _____

Uniform Color _____

Team Fouls:

1st Half | 1 | 2 | 3 | 4 | 5 | 6 | 7 | 8 | 9 | 10 | + |

2nd Half | 1 | 2 | 3 | 4 | 5 | 6 | 7 | 8 | 9 | 10 | + |

1 + 1   2 Shots

Time Outs: 60 Secs | 1 | 2 | 3 |

30 Secs | 1 | 2 |

Running Score (Visitors)

1	29	57
2	30	58
3	31	59
4	32	60
5	33	61
6	34	62
7	35	63
8	36	64
9	37	65
10	38	66
11	39	67
12	40	68
13	41	69
14	42	70
15	43	71
16	44	72
17	45	73
18	46	74
19	47	75
20	48	76
21	49	77
22	50	78
23	51	79
24	52	80
25	53	81
26	54	82
27	55	83
28	56	84

No.	U	Player	Fouls					SCORING: 3 = 3 point goal 2 = 2 point goal • = FT Made o = FT missed			
								1st	2nd	3rd	4th
			1	2	3	4	5				
			1	2	3	4	5				
			1	2	3	4	5				
			1	2	3	4	5				
			1	2	3	4	5				
			1	2	3	4	5				
			1	2	3	4	5				
			1	2	3	4	5				
			1	2	3	4	5				
			1	2	3	4	5				
			1	2	3	4	5				
			1	2	3	4	5				

FINAL SCORE: _____   Quarter Total

Alternating Possession: | H | V | H | V | H | V | H | V | H | V | H | V | H | V | H | V | H | V | H | V | H | V | H | V |

Defensive Warning ☐ ☐

HOME _____

Uniform Color _____

Team Fouls:

1st Half | 1 | 2 | 3 | 4 | 5 | 6 | 7 | 8 | 9 | 10 | + |

2nd Half | 1 | 2 | 3 | 4 | 5 | 6 | 7 | 8 | 9 | 10 | + |

1 + 1   2 Shots

Time Outs: 60 Secs | 1 | 2 | 3 |

30 Secs | 1 | 2 |

Running Score (Home)

1	29	57
2	30	58
3	31	59
4	32	60
5	33	61
6	34	62
7	35	63
8	36	64
9	37	65
10	38	66
11	39	67
12	40	68
13	41	69
14	42	70
15	43	71
16	44	72
17	45	73
18	46	74
19	47	75
20	48	76
21	49	77
22	50	78
23	51	79
24	52	80
25	53	81
26	54	82
27	55	83
28	56	84

No.	U	Player	Fouls					SCORING: 3 = 3 point goal 2 = 2 point goal • = FT Made o = FT missed			
								1st	2nd	3rd	4th
			1	2	3	4	5				
			1	2	3	4	5				
			1	2	3	4	5				
			1	2	3	4	5				
			1	2	3	4	5				
			1	2	3	4	5				
			1	2	3	4	5				
			1	2	3	4	5				
			1	2	3	4	5				
			1	2	3	4	5				
			1	2	3	4	5				
			1	2	3	4	5				

_____   Quarter Total

BASKETBALL SCORE SHEET

Date	_____	**Type**		**Age Group**		**Division**			
Game Time	_____	☐	Traditional	☐	Youth	☐ 1		☐ 5	
Site	_____	☐	Unified	☐	Junior	☐ 2		☐ 6	
Court #	_____	**Sex**		☐	Senior	☐ 3		☐ 7	
Referees	_____	☐	Men	☐	Master	☐ 4		☐ 8	
		☐	Women	☐	Senior Master				

VISITORS _____   Uniform Color _____

Team Fouls: 1st Half [1 | 2 | 3 | 4 | 5 | 6] [7 | 8 | 9] [10 | +]   Time Outs: 60 Secs [1 | 2 | 3]

2nd Half [1 | 2 | 3 | 4 | 5 | 6] [7 | 8 | 9] [10 | +]   30 Secs [1 | 2]

1 + 1   2 Shots

No.	U	Player	Fouls					SCORING: 3 = 3 point goal 2 = 2 point goal ● = FT Made O = FT missed			
								1st	2nd	3rd	4th
			1	2	3	4	5				
			1	2	3	4	5				
			1	2	3	4	5				
			1	2	3	4	5				
			1	2	3	4	5				
			1	2	3	4	5				
			1	2	3	4	5				
			1	2	3	4	5				
			1	2	3	4	5				
			1	2	3	4	5				
			1	2	3	4	5				
			1	2	3	4	5				

FINAL SCORE: _____   Quarter Total

Alternating Possession [H | V | H | V | H | V | H | V | H | V | H | V | H | V | H | V | H | V | H | V | H | V | H | V]   Defensive Warning [|]

Running Score (Visitors)

1		29		57	
2		30		58	
3		31		59	
4		32		60	
5		33		61	
6		34		62	
7		35		63	
8		36		64	
9		37		65	
10		38		66	
11		39		67	
12		40		68	
13		41		69	
14		42		70	
15		43		71	
16		44		72	
17		45		73	
18		46		74	
19		47		75	
20		48		76	
21		49		77	
22		50		78	
23		51		79	
24		52		80	
25		53		81	
26		54		82	
27		55		83	
28		56		84	

HOME _____   Uniform Color _____

Team Fouls: 1st Half [1 | 2 | 3 | 4 | 5 | 6] [7 | 8 | 9] [10 | +]   Time Outs: 60 Secs [1 | 2 | 3]

2nd Half [1 | 2 | 3 | 4 | 5 | 6] [7 | 8 | 9] [10 | +]   30 Secs [1 | 2]

1 + 1   2 Shots

No.	U	Player	Fouls					SCORING: 3 = 3 point goal 2 = 2 point goal ● = FT Made o = FT missed			
								1st	2nd	3rd	4th
			1	2	3	4	5				
			1	2	3	4	5				
			1	2	3	4	5				
			1	2	3	4	5				
			1	2	3	4	5				
			1	2	3	4	5				
			1	2	3	4	5				
			1	2	3	4	5				
			1	2	3	4	5				
			1	2	3	4	5				
			1	2	3	4	5				
			1	2	3	4	5				

_____   Quarter Total

Running Score (Home)

1		29		57	
2		30		58	
3		31		59	
4		32		60	
5		33		61	
6		34		62	
7		35		63	
8		36		64	
9		37		65	
10		38		66	
11		39		67	
12		40		68	
13		41		69	
14		42		70	
15		43		71	
16		44		72	
17		45		73	
18		46		74	
19		47		75	
20		48		76	
21		49		77	
22		50		78	
23		51		79	
24		52		80	
25		53		81	
26		54		82	
27		55		83	
28		56		84	

BASKETBALL SCORE SHEET

Date _____

Game Time _____

Site _____

Court # _____

Referees _____

Type
- ☐ Traditional
- ☐ Unified

Sex
- ☐ Men
- ☐ Women

Age Group
- ☐ Youth
- ☐ Junior
- ☐ Senior
- ☐ Master
- ☐ Senior Master

Division
- ☐ 1   ☐ 5
- ☐ 2   ☐ 6
- ☐ 3   ☐ 7
- ☐ 4   ☐ 8

Running Score

1	29	57
2	30	58
3	31	59
4	32	60
5	33	61
6	34	62
7	35	63
8	36	64
9	37	65
10	38	66
11	39	67
12	40	68
13	41	69
14	42	70
15	43	71
16	44	72
17	45	73
18	46	74
19	47	75
20	48	76
21	49	77
22	50	78
23	51	79
24	52	80
25	53	81
26	54	82
27	55	83
28	56	84

VISITORS _____

Uniform Color _____

Team Fouls: 1st Half 1 2 3 4 5 6   7 8 9   10 +

2nd Half 1 2 3 4 5 6   7 8 9   10 +

1 + 1   2 Shots

Time Outs: 60 Secs   1 2 3

30 Secs   1 2

SCORING: 3 = 3 point goal 2 = 2 point goal
● = FT Made   O = FT missed

No.	U	Player	Fouls					1st	2nd	3rd	4th
			1	2	3	4	5				
			1	2	3	4	5				
			1	2	3	4	5				
			1	2	3	4	5				
			1	2	3	4	5				
			1	2	3	4	5				
			1	2	3	4	5				
			1	2	3	4	5				
			1	2	3	4	5				
			1	2	3	4	5				
			1	2	3	4	5				
			1	2	3	4	5				

FINAL SCORE: _____   Quarter Total

Alternating Possession H V H V H V H V H V H V H V H V H V H V H V H V H V

Defensive Warning ☐☐

Running Score

1	29	57
2	30	58
3	31	59
4	32	60
5	33	61
6	34	62
7	35	63
8	36	64
9	37	65
10	38	66
11	39	67
12	40	68
13	41	69
14	42	70
15	43	71
16	44	72
17	45	73
18	46	74
19	47	75
20	48	76
21	49	77
22	50	78
23	51	79
24	52	80
25	53	81
26	54	82
27	55	83
28	56	84

HOME _____

Uniform Color _____

Team Fouls: 1st Half 1 2 3 4 5 6   7 8 9   10 +

2nd Half 1 2 3 4 5 6   7 8 9   10 +

1 + 1   2 Shots

Time Outs: 60 Secs   1 2 3

30 Secs   1 2

SCORING: 3 = 3 point goal 2 = 2 point goal
● = FT Made   o = FT missed

No.	U	Player	Fouls					1st	2nd	3rd	4th
			1	2	3	4	5				
			1	2	3	4	5				
			1	2	3	4	5				
			1	2	3	4	5				
			1	2	3	4	5				
			1	2	3	4	5				
			1	2	3	4	5				
			1	2	3	4	5				
			1	2	3	4	5				
			1	2	3	4	5				
			1	2	3	4	5				
			1	2	3	4	5				

_____   Quarter Total

BASKETBALL SCORE SHEET

Date	_____
Game Time	_____
Site	_____
Court #	_____
Referees	_____

Type
- ☐ Traditional
- ☐ Unified

Sex
- ☐ Men
- ☐ Women

Age Group
- ☐ Youth
- ☐ Junior
- ☐ Senior
- ☐ Master
- ☐ Senior Master

Division
- ☐ 1   ☐ 5
- ☐ 2   ☐ 6
- ☐ 3   ☐ 7
- ☐ 4   ☐ 8

VISITORS _____

Uniform Color _____

Team Fouls:
1st Half | 1 2 3 4 5 6 | 7 8 9 | 10 +
2nd Half | 1 2 3 4 5 6 | 7 8 9 | 10 +
1 + 1   2 Shots

Time Outs: 60 Secs | 1 2 3
30 Secs | 1 2

No.	U	Player	Fouls					SCORING: 3 = 3 point goal 2 = 2 point goal • = FT Made O = FT missed			
								1st	2nd	3rd	4th
			1	2	3	4	5				
			1	2	3	4	5				
			1	2	3	4	5				
			1	2	3	4	5				
			1	2	3	4	5				
			1	2	3	4	5				
			1	2	3	4	5				
			1	2	3	4	5				
			1	2	3	4	5				
			1	2	3	4	5				
			1	2	3	4	5				
			1	2	3	4	5				
			1	2	3	4	5				

FINAL SCORE: _____   Quarter Total

Running Score

1	29	57
2	30	58
3	31	59
4	32	60
5	33	61
6	34	62
7	35	63
8	36	64
9	37	65
10	38	66
11	39	67
12	40	68
13	41	69
14	42	70
15	43	71
16	44	72
17	45	73
18	46	74
19	47	75
20	48	76
21	49	77
22	50	78
23	51	79
24	52	80
25	53	81
26	54	82
27	55	83
28	56	84

Alternating Possession | H V H V H V H V H V H V H V H V H V H V H V H V

Defensive Warning ☐☐

HOME _____

Uniform Color _____

Team Fouls:
1st Half | 1 2 3 4 5 6 | 7 8 9 | 10 +
2nd Half | 1 2 3 4 5 6 | 7 8 9 | 10 +
1 + 1   2 Shots

Time Outs: 60 Secs | 1 2 3
30 Secs | 1 2

No.	U	Player	Fouls					SCORING: 3 = 3 point goal 2 = 2 point goal • = FT Made o = FT missed			
								1st	2nd	3rd	4th
			1	2	3	4	5				
			1	2	3	4	5				
			1	2	3	4	5				
			1	2	3	4	5				
			1	2	3	4	5				
			1	2	3	4	5				
			1	2	3	4	5				
			1	2	3	4	5				
			1	2	3	4	5				
			1	2	3	4	5				
			1	2	3	4	5				
			1	2	3	4	5				
			1	2	3	4	5				

_____   Quarter Total

Running Score

1	29	57
2	30	58
3	31	59
4	32	60
5	33	61
6	34	62
7	35	63
8	36	64
9	37	65
10	38	66
11	39	67
12	40	68
13	41	69
14	42	70
15	43	71
16	44	72
17	45	73
18	46	74
19	47	75
20	48	76
21	49	77
22	50	78
23	51	79
24	52	80
25	53	81
26	54	82
27	55	83
28	56	84

BASKETBALL SCORE SHEET

Date	_____
Game Time	_____
Site	_____
Court #	_____
Referees	_____

Type
- ☐ Traditional
- ☐ Unified

Sex
- ☐ Men
- ☐ Women

Age Group
- ☐ Youth
- ☐ Junior
- ☐ Senior
- ☐ Master
- ☐ Senior Master

Division
- ☐ 1
- ☐ 2
- ☐ 3
- ☐ 4
- ☐ 5
- ☐ 6
- ☐ 7
- ☐ 8

VISITORS _____

Uniform Color _____

Team Fouls:
- 1st Half: | 1 | 2 | 3 | 4 | 5 | 6 | | 7 | 8 | 9 | | 10 | + |
- 2nd Half: | 1 | 2 | 3 | 4 | 5 | 6 | | 7 | 8 | 9 | | 10 | + |

1 + 1   2 Shots

Time Outs: 60 Secs | 1 | 2 | 3 |
30 Secs | 1 | 2 |

No.	U	Player	Fouls					SCORING: 3 = 3 point goal 2 = 2 point goal ● = FT Made O = FT missed			
								1st	2nd	3rd	4th
			1	2	3	4	5				
			1	2	3	4	5				
			1	2	3	4	5				
			1	2	3	4	5				
			1	2	3	4	5				
			1	2	3	4	5				
			1	2	3	4	5				
			1	2	3	4	5				
			1	2	3	4	5				
			1	2	3	4	5				
			1	2	3	4	5				
			1	2	3	4	5				
			1	2	3	4	5				

FINAL SCORE: _____   Quarter Total

Running Score

1	29	57
2	30	58
3	31	59
4	32	60
5	33	61
6	34	62
7	35	63
8	36	64
9	37	65
10	38	66
11	39	67
12	40	68
13	41	69
14	42	70
15	43	71
16	44	72
17	45	73
18	46	74
19	47	75
20	48	76
21	49	77
22	50	78
23	51	79
24	52	80
25	53	81
26	54	82
27	55	83
28	56	84

Alternating Possession | H | V | H | V | H | V | H | V | H | V | H | V | H | V | H | V | H | V | H | V | H | V | H | V |

Defensive Warning | | |

HOME _____

Uniform Color _____

Team Fouls:
- 1st Half: | 1 | 2 | 3 | 4 | 5 | 6 | | 7 | 8 | 9 | | 10 | + |
- 2nd Half: | 1 | 2 | 3 | 4 | 5 | 6 | | 7 | 8 | 9 | | 10 | + |

1 + 1   2 Shots

Time Outs: 60 Secs | 1 | 2 | 3 |
30 Secs | 1 | 2 |

No.	U	Player	Fouls					SCORING: 3 = 3 point goal 2 = 2 point goal ● = FT Made o = FT missed			
								1st	2nd	3rd	4th
			1	2	3	4	5				
			1	2	3	4	5				
			1	2	3	4	5				
			1	2	3	4	5				
			1	2	3	4	5				
			1	2	3	4	5				
			1	2	3	4	5				
			1	2	3	4	5				
			1	2	3	4	5				
			1	2	3	4	5				
			1	2	3	4	5				
			1	2	3	4	5				
			1	2	3	4	5				

_____   Quarter Total

Running Score

1	29	57
2	30	58
3	31	59
4	32	60
5	33	61
6	34	62
7	35	63
8	36	64
9	37	65
10	38	66
11	39	67
12	40	68
13	41	69
14	42	70
15	43	71
16	44	72
17	45	73
18	46	74
19	47	75
20	48	76
21	49	77
22	50	78
23	51	79
24	52	80
25	53	81
26	54	82
27	55	83
28	56	84

BASKETBALL SCORE SHEET

Date _____

Game Time _____

Site _____

Court # _____

Referees _____

Type
- [ ] Traditional
- [ ] Unified

Sex
- [ ] Men
- [ ] Women

Age Group
- [ ] Youth
- [ ] Junior
- [ ] Senior
- [ ] Master
- [ ] Senior Master

Division
- [ ] 1
- [ ] 2
- [ ] 3
- [ ] 4
- [ ] 5
- [ ] 6
- [ ] 7
- [ ] 8

Running Score

1	29	57
2	30	58
3	31	59
4	32	60
5	33	61
6	34	62
7	35	63
8	36	64
9	37	65
10	38	66
11	39	67
12	40	68
13	41	69
14	42	70
15	43	71
16	44	72
17	45	73
18	46	74
19	47	75
20	48	76
21	49	77
22	50	78
23	51	79
24	52	80
25	53	81
26	54	82
27	55	83
28	56	84

VISITORS _____

Uniform Color _____

Team Fouls:

1st Half: | 1 | 2 | 3 | 4 | 5 | 6 | | 7 | 8 | 9 | | 10 | + |

2nd Half: | 1 | 2 | 3 | 4 | 5 | 6 | | 7 | 8 | 9 | | 10 | + |

1 + 1   2 Shots

Time Outs: 60 Secs | 1 | 2 | 3 |

30 Secs | 1 | 2 |

SCORING: 3 = 3 point goal 2 = 2 point goal
● = FT Made   O = FT missed

No.	U	Player	Fouls					1st	2nd	3rd	4th
			1	2	3	4	5				
			1	2	3	4	5				
			1	2	3	4	5				
			1	2	3	4	5				
			1	2	3	4	5				
			1	2	3	4	5				
			1	2	3	4	5				
			1	2	3	4	5				
			1	2	3	4	5				
			1	2	3	4	5				
			1	2	3	4	5				
			1	2	3	4	5				

FINAL SCORE: _____   Quarter Total

Alternating Possession | H | V | H | V | H | V | H | V | H | V | H | V | H | V | H | V | H | V | H | V | H | V | H | V |

Defensive Warning | | |

HOME _____

Uniform Color _____

Team Fouls:

1st Half: | 1 | 2 | 3 | 4 | 5 | 6 | | 7 | 8 | 9 | | 10 | + |

2nd Half: | 1 | 2 | 3 | 4 | 5 | 6 | | 7 | 8 | 9 | | 10 | + |

1 + 1   2 Shots

Time Outs: 60 Secs | 1 | 2 | 3 |

30 Secs | 1 | 2 |

SCORING: 3 = 3 point goal 2 = 2 point goal
● = FT Made   o = FT missed

No.	U	Player	Fouls					1st	2nd	3rd	4th
			1	2	3	4	5				
			1	2	3	4	5				
			1	2	3	4	5				
			1	2	3	4	5				
			1	2	3	4	5				
			1	2	3	4	5				
			1	2	3	4	5				
			1	2	3	4	5				
			1	2	3	4	5				
			1	2	3	4	5				
			1	2	3	4	5				
			1	2	3	4	5				

_____   Quarter Total

Running Score

1	29	57
2	30	58
3	31	59
4	32	60
5	33	61
6	34	62
7	35	63
8	36	64
9	37	65
10	38	66
11	39	67
12	40	68
13	41	69
14	42	70
15	43	71
16	44	72
17	45	73
18	46	74
19	47	75
20	48	76
21	49	77
22	50	78
23	51	79
24	52	80
25	53	81
26	54	82
27	55	83
28	56	84

BASKETBALL SCORE SHEET

Date _____

Game Time _____

Site _____

Court # _____

Referees _____

Type
- ☐ Traditional
- ☐ Unified

Sex
- ☐ Men
- ☐ Women

Age Group
- ☐ Youth
- ☐ Junior
- ☐ Senior
- ☐ Master
- ☐ Senior Master

Division
- ☐ 1
- ☐ 2
- ☐ 3
- ☐ 4
- ☐ 5
- ☐ 6
- ☐ 7
- ☐ 8

VISITORS _____

Uniform Color _____

Team Fouls:
1st Half | 1 | 2 | 3 | 4 | 5 | 6 | | 7 | 8 | 9 | | 10 | + |

2nd Half | 1 | 2 | 3 | 4 | 5 | 6 | | 7 | 8 | 9 | | 10 | + |

1 + 1   2 Shots

Time Outs: 60 Secs | 1 | 2 | 3 |

30 Secs | 1 | 2 |

Running Score

1	29	57
2	30	58
3	31	59
4	32	60
5	33	61
6	34	62
7	35	63
8	36	64
9	37	65
10	38	66
11	39	67
12	40	68
13	41	69
14	42	70
15	43	71
16	44	72
17	45	73
18	46	74
19	47	75
20	48	76
21	49	77
22	50	78
23	51	79
24	52	80
25	53	81
26	54	82
27	55	83
28	56	84

SCORING: 3 = 3 point goal 2 = 2 point goal
● = FT Made   O = FT missed

No.	U	Player	Fouls					1st	2nd	3rd	4th
			1	2	3	4	5				
			1	2	3	4	5				
			1	2	3	4	5				
			1	2	3	4	5				
			1	2	3	4	5				
			1	2	3	4	5				
			1	2	3	4	5				
			1	2	3	4	5				
			1	2	3	4	5				
			1	2	3	4	5				
			1	2	3	4	5				
			1	2	3	4	5				

FINAL SCORE: _____   Quarter Total

Alternating Possession | H | V | H | V | H | V | H | V | H | V | H | V | H | V | H | V | H | V | H | V | H | V | H | V |

Defensive Warning ☐ ☐

HOME _____

Uniform Color _____

Team Fouls:
1st Half | 1 | 2 | 3 | 4 | 5 | 6 | | 7 | 8 | 9 | | 10 | + |

2nd Half | 1 | 2 | 3 | 4 | 5 | 6 | | 7 | 8 | 9 | | 10 | + |

1 + 1   2 Shots

Time Outs: 60 Secs | 1 | 2 | 3 |

30 Secs | 1 | 2 |

Running Score

1	29	57
2	30	58
3	31	59
4	32	60
5	33	61
6	34	62
7	35	63
8	36	64
9	37	65
10	38	66
11	39	67
12	40	68
13	41	69
14	42	70
15	43	71
16	44	72
17	45	73
18	46	74
19	47	75
20	48	76
21	49	77
22	50	78
23	51	79
24	52	80
25	53	81
26	54	82
27	55	83
28	56	84

SCORING: 3 = 3 point goal 2 = 2 point goal
● = FT Made   o = FT missed

No.	U	Player	Fouls					1st	2nd	3rd	4th
			1	2	3	4	5				
			1	2	3	4	5				
			1	2	3	4	5				
			1	2	3	4	5				
			1	2	3	4	5				
			1	2	3	4	5				
			1	2	3	4	5				
			1	2	3	4	5				
			1	2	3	4	5				
			1	2	3	4	5				
			1	2	3	4	5				
			1	2	3	4	5				

_____   Quarter Total

BASKETBALL SCORE SHEET

Date _____	**Type**
Game Time _____	☐ Traditional
Site _____	☐ Unified
Court # _____	**Sex**
Referees _____	☐ Men
	☐ Women

Type
☐ Traditional
☐ Unified

Age Group
☐ Youth
☐ Junior
☐ Senior
☐ Master
☐ Senior Master

Division
☐ 1 ☐ 5
☐ 2 ☐ 6
☐ 3 ☐ 7
☐ 4 ☐ 8

VISITORS _____   **Uniform Color** _____

Team Fouls:
1st Half | 1 2 3 4 5 6 | 7 8 9 | 10 + | Time Outs: 60 Secs | 1 2 3
2nd Half | 1 2 3 4 5 6 | 7 8 9 | 10 + | 30 Secs | 1 2

1 + 1   2 Shots

No.	U	Player	Fouls					SCORING: 3 = 3 point goal 2 = 2 point goal ● = FT Made O = FT missed			
								1st	2nd	3rd	4th
			1	2	3	4	5				
			1	2	3	4	5				
			1	2	3	4	5				
			1	2	3	4	5				
			1	2	3	4	5				
			1	2	3	4	5				
			1	2	3	4	5				
			1	2	3	4	5				
			1	2	3	4	5				
			1	2	3	4	5				
			1	2	3	4	5				
			1	2	3	4	5				

FINAL SCORE: _____   Quarter Total

Running Score

1	29	57	15	43	71
2	30	58	16	44	72
3	31	59	17	45	73
4	32	60	18	46	74
5	33	61	19	47	75
6	34	62	20	48	76
7	35	63	21	49	77
8	36	64	22	50	78
9	37	65	23	51	79
10	38	66	24	52	80
11	39	67	25	53	81
12	40	68	26	54	82
13	41	69	27	55	83
14	42	70	28	56	84

Alternating Possession | H V H V H V H V H V H V H V H V H V H V H V H V H V H V | Defensive Warning ☐ ☐

HOME _____   **Uniform Color** _____

Team Fouls:
1st Half | 1 2 3 4 5 6 | 7 8 9 | 10 + | Time Outs: 60 Secs | 1 2 3
2nd Half | 1 2 3 4 5 6 | 7 8 9 | 10 + | 30 Secs | 1 2

1 + 1   2 Shots

No.	U	Player	Fouls					SCORING: 3 = 3 point goal 2 = 2 point goal ● = FT Made o = FT missed			
								1st	2nd	3rd	4th
			1	2	3	4	5				
			1	2	3	4	5				
			1	2	3	4	5				
			1	2	3	4	5				
			1	2	3	4	5				
			1	2	3	4	5				
			1	2	3	4	5				
			1	2	3	4	5				
			1	2	3	4	5				
			1	2	3	4	5				
			1	2	3	4	5				
			1	2	3	4	5				

_____   Quarter Total

Running Score

1	29	57	15	43	71
2	30	58	16	44	72
3	31	59	17	45	73
4	32	60	18	46	74
5	33	61	19	47	75
6	34	62	20	48	76
7	35	63	21	49	77
8	36	64	22	50	78
9	37	65	23	51	79
10	38	66	24	52	80
11	39	67	25	53	81
12	40	68	26	54	82
13	41	69	27	55	83
14	42	70	28	56	84

BASKETBALL SCORE SHEET

Date _____

Game Time _____

Site _____

Court # _____

Referees _____

Type
- ☐ Traditional
- ☐ Unified

Sex
- ☐ Men
- ☐ Women

Age Group
- ☐ Youth
- ☐ Junior
- ☐ Senior
- ☐ Master
- ☐ Senior Master

Division
- ☐ 1   ☐ 5
- ☐ 2   ☐ 6
- ☐ 3   ☐ 7
- ☐ 4   ☐ 8

VISITORS _____

Uniform Color _____

Team Fouls:

1st Half: | 1 | 2 | 3 | 4 | 5 | 6 | | 7 | 8 | 9 | | 10 | + |

2nd Half: | 1 | 2 | 3 | 4 | 5 | 6 | | 7 | 8 | 9 | | 10 | + |

1 + 1   2 Shots

Time Outs: 60 Secs | 1 | 2 | 3 |

30 Secs | 1 | 2 |

No.	U	Player	Fouls					SCORING: 3 = 3 point goal 2 = 2 point goal · = FT Made O = FT missed			
								1st	2nd	3rd	4th
			1	2	3	4	5				
			1	2	3	4	5				
			1	2	3	4	5				
			1	2	3	4	5				
			1	2	3	4	5				
			1	2	3	4	5				
			1	2	3	4	5				
			1	2	3	4	5				
			1	2	3	4	5				
			1	2	3	4	5				
			1	2	3	4	5				
			1	2	3	4	5				

FINAL SCORE: _____   Quarter Total

Running Score (Visitors)

1	29	57
2	30	58
3	31	59
4	32	60
5	33	61
6	34	62
7	35	63
8	36	64
9	37	65
10	38	66
11	39	67
12	40	68
13	41	69
14	42	70
15	43	71
16	44	72
17	45	73
18	46	74
19	47	75
20	48	76
21	49	77
22	50	78
23	51	79
24	52	80
25	53	81
26	54	82
27	55	83
28	56	84

Alternating Possession | H | V | H | V | H | V | H | V | H | V | H | V | H | V | H | V | H | V | H | V | H | V | H | V |

Defensive Warning | | |

HOME _____

Uniform Color _____

Team Fouls:

1st Half: | 1 | 2 | 3 | 4 | 5 | 6 | | 7 | 8 | 9 | | 10 | + |

2nd Half: | 1 | 2 | 3 | 4 | 5 | 6 | | 7 | 8 | 9 | | 10 | + |

1 + 1   2 Shots

Time Outs: 60 Secs | 1 | 2 | 3 |

30 Secs | 1 | 2 |

No.	U	Player	Fouls					SCORING: 3 = 3 point goal 2 = 2 point goal · = FT Made o = FT missed			
								1st	2nd	3rd	4th
			1	2	3	4	5				
			1	2	3	4	5				
			1	2	3	4	5				
			1	2	3	4	5				
			1	2	3	4	5				
			1	2	3	4	5				
			1	2	3	4	5				
			1	2	3	4	5				
			1	2	3	4	5				
			1	2	3	4	5				
			1	2	3	4	5				
			1	2	3	4	5				

_____   Quarter Total

Running Score (Home)

1	29	57
2	30	58
3	31	59
4	32	60
5	33	61
6	34	62
7	35	63
8	36	64
9	37	65
10	38	66
11	39	67
12	40	68
13	41	69
14	42	70
15	43	71
16	44	72
17	45	73
18	46	74
19	47	75
20	48	76
21	49	77
22	50	78
23	51	79
24	52	80
25	53	81
26	54	82
27	55	83
28	56	84

BASKETBALL SCORE SHEET

Date	_____	
Game Time	_____	
Site	_____	
Court #	_____	
Referees	_____	

Type
- ☐ Traditional
- ☐ Unified

Sex
- ☐ Men
- ☐ Women

Age Group
- ☐ Youth
- ☐ Junior
- ☐ Senior
- ☐ Master
- ☐ Senior Master

Division
- ☐ 1   ☐ 5
- ☐ 2   ☐ 6
- ☐ 3   ☐ 7
- ☐ 4   ☐ 8

VISITORS _____

Uniform Color _____

Team Fouls:
1st Half | 1 2 3 4 5 6 | 7 8 9 | 10 + |
2nd Half | 1 2 3 4 5 6 | 7 8 9 | 10 + |
1 + 1   2 Shots

Time Outs: 60 Secs | 1 2 3 |
30 Secs | 1 2 |

SCORING: 3 = 3 point goal 2 = 2 point goal
● = FT Made   O = FT missed

No.	U	Player	Fouls					1st	2nd	3rd	4th
			1	2	3	4	5				
			1	2	3	4	5				
			1	2	3	4	5				
			1	2	3	4	5				
			1	2	3	4	5				
			1	2	3	4	5				
			1	2	3	4	5				
			1	2	3	4	5				
			1	2	3	4	5				
			1	2	3	4	5				
			1	2	3	4	5				
			1	2	3	4	5				

FINAL SCORE: _____   Quarter Total

Running Score

1	29	57
2	30	58
3	31	59
4	32	60
5	33	61
6	34	62
7	35	63
8	36	64
9	37	65
10	38	66
11	39	67
12	40	68
13	41	69
14	42	70
15	43	71
16	44	72
17	45	73
18	46	74
19	47	75
20	48	76
21	49	77
22	50	78
23	51	79
24	52	80
25	53	81
26	54	82
27	55	83
28	56	84

Alternating Possession | H V H V H V H V H V H V H V H V H V H V H V H V |

Defensive Warning | ☐ ☐ |

HOME _____

Uniform Color _____

Team Fouls:
1st Half | 1 2 3 4 5 6 | 7 8 9 | 10 + |
2nd Half | 1 2 3 4 5 6 | 7 8 9 | 10 + |
1 + 1   2 Shots

Time Outs: 60 Secs | 1 2 3 |
30 Secs | 1 2 |

SCORING: 3 = 3 point goal 2 = 2 point goal
● = FT Made   o = FT missed

No.	U	Player	Fouls					1st	2nd	3rd	4th
			1	2	3	4	5				
			1	2	3	4	5				
			1	2	3	4	5				
			1	2	3	4	5				
			1	2	3	4	5				
			1	2	3	4	5				
			1	2	3	4	5				
			1	2	3	4	5				
			1	2	3	4	5				
			1	2	3	4	5				
			1	2	3	4	5				
			1	2	3	4	5				

_____   Quarter Total

Running Score

1	29	57
2	30	58
3	31	59
4	32	60
5	33	61
6	34	62
7	35	63
8	36	64
9	37	65
10	38	66
11	39	67
12	40	68
13	41	69
14	42	70
15	43	71
16	44	72
17	45	73
18	46	74
19	47	75
20	48	76
21	49	77
22	50	78
23	51	79
24	52	80
25	53	81
26	54	82
27	55	83
28	56	84

BASKETBALL SCORE SHEET

		Type		Age Group		Division			
Date _____		☐	Traditional	☐	Youth	☐	1	☐	5
Game Time _____		☐	Unified	☐	Junior	☐	2	☐	6
Site _____		**Sex**		☐	Senior	☐	3	☐	7
Court # _____		☐	Men	☐	Master	☐	4	☐	8
Referees _____		☐	Women	☐	Senior Master				

Running Score

VISITORS _____

Uniform Color _____

Team Fouls:
1st Half [1][2][3][4][5][6] [7][8][9] [10][+]
2nd Half [1][2][3][4][5][6] [7][8][9] [10][+]
1 + 1   2 Shots

Time Outs: 60 Secs [1][2][3]
30 Secs [1][2]

	1	29	57
	2	30	58
	3	31	59
	4	32	60
	5	33	61
	6	34	62
	7	35	63
	8	36	64
	9	37	65
	10	38	66
	11	39	67
	12	40	68
	13	41	69
	14	42	70
	15	43	71
	16	44	72
	17	45	73
	18	46	74
	19	47	75
	20	48	76
	21	49	77
	22	50	78
	23	51	79
	24	52	80
	25	53	81
	26	54	82
	27	55	83
	28	56	84

No.	U	Player	Fouls					SCORING: 3 = 3 point goal 2 = 2 point goal • = FT Made ○ = FT missed			
								1st	2nd	3rd	4th
			1	2	3	4	5				
			1	2	3	4	5				
			1	2	3	4	5				
			1	2	3	4	5				
			1	2	3	4	5				
			1	2	3	4	5				
			1	2	3	4	5				
			1	2	3	4	5				
			1	2	3	4	5				
			1	2	3	4	5				
			1	2	3	4	5				
			1	2	3	4	5				

FINAL SCORE: _____   Quarter Total

Alternating Possession [H][V][H][V][H][V][H][V][H][V][H][V][H][V][H][V][H][V][H][V][H][V][H][V]

Defensive Warning [ ][ ]

Running Score

HOME _____

Uniform Color _____

Team Fouls:
1st Half [1][2][3][4][5][6] [7][8][9] [10][+]
2nd Half [1][2][3][4][5][6] [7][8][9] [10][+]
1 + 1   2 Shots

Time Outs: 60 Secs [1][2][3]
30 Secs [1][2]

	1	29	57
	2	30	58
	3	31	59
	4	32	60
	5	33	61
	6	34	62
	7	35	63
	8	36	64
	9	37	65
	10	38	66
	11	39	67
	12	40	68
	13	41	69
	14	42	70
	15	43	71
	16	44	72
	17	45	73
	18	46	74
	19	47	75
	20	48	76
	21	49	77
	22	50	78
	23	51	79
	24	52	80
	25	53	81
	26	54	82
	27	55	83
	28	56	84

No.	U	Player	Fouls					SCORING: 3 = 3 point goal 2 = 2 point goal • = FT Made ○ = FT missed			
								1st	2nd	3rd	4th
			1	2	3	4	5				
			1	2	3	4	5				
			1	2	3	4	5				
			1	2	3	4	5				
			1	2	3	4	5				
			1	2	3	4	5				
			1	2	3	4	5				
			1	2	3	4	5				
			1	2	3	4	5				
			1	2	3	4	5				
			1	2	3	4	5				
			1	2	3	4	5				

_____   Quarter Total

BASKETBALL SCORE SHEET

Date _____
Game Time _____
Site _____
Court # _____
Referees _____

Type
☐ Traditional
☐ Unified

Sex
☐ Men
☐ Women

Age Group
☐ Youth
☐ Junior
☐ Senior
☐ Master
☐ Senior Master

Division
☐ 1 ☐ 5
☐ 2 ☐ 6
☐ 3 ☐ 7
☐ 4 ☐ 8

VISITORS _____

Uniform Color _____

Team Fouls:

1st Half | 1 2 3 4 5 6 | 7 8 9 | 10 +

2nd Half | 1 2 3 4 5 6 | 7 8 9 | 10 +

1 + 1   2 Shots

Time Outs: 60 Secs | 1 2 3
30 Secs | 1 2

No.	U	Player	Fouls					SCORING: 3 = 3 point goal 2 = 2 point goal ● = FT Made O = FT missed			
								1st	2nd	3rd	4th
			1	2	3	4	5				
			1	2	3	4	5				
			1	2	3	4	5				
			1	2	3	4	5				
			1	2	3	4	5				
			1	2	3	4	5				
			1	2	3	4	5				
			1	2	3	4	5				
			1	2	3	4	5				
			1	2	3	4	5				
			1	2	3	4	5				
			1	2	3	4	5				

FINAL SCORE: _____ Quarter Total

Running Score

1	29	57
2	30	58
3	31	59
4	32	60
5	33	61
6	34	62
7	35	63
8	36	64
9	37	65
10	38	66
11	39	67
12	40	68
13	41	69
14	42	70
15	43	71
16	44	72
17	45	73
18	46	74
19	47	75
20	48	76
21	49	77
22	50	78
23	51	79
24	52	80
25	53	81
26	54	82
27	55	83
28	56	84

Alternating Possession | H V H V H V H V H V H V H V H V H V H V H V H V H V

Defensive Warning ☐☐

HOME _____

Uniform Color _____

Team Fouls:

1st Half | 1 2 3 4 5 6 | 7 8 9 | 10 +

2nd Half | 1 2 3 4 5 6 | 7 8 9 | 10 +

1 + 1   2 Shots

Time Outs: 60 Secs | 1 2 3
30 Secs | 1 2

No.	U	Player	Fouls					SCORING: 3 = 3 point goal 2 = 2 point goal ● = FT Made o = FT missed			
								1st	2nd	3rd	4th
			1	2	3	4	5				
			1	2	3	4	5				
			1	2	3	4	5				
			1	2	3	4	5				
			1	2	3	4	5				
			1	2	3	4	5				
			1	2	3	4	5				
			1	2	3	4	5				
			1	2	3	4	5				
			1	2	3	4	5				
			1	2	3	4	5				
			1	2	3	4	5				

_____ Quarter Total

Running Score

1	29	57
2	30	58
3	31	59
4	32	60
5	33	61
6	34	62
7	35	63
8	36	64
9	37	65
10	38	66
11	39	67
12	40	68
13	41	69
14	42	70
15	43	71
16	44	72
17	45	73
18	46	74
19	47	75
20	48	76
21	49	77
22	50	78
23	51	79
24	52	80
25	53	81
26	54	82
27	55	83
28	56	84

BASKETBALL SCORE SHEET

Date _____

Game Time _____

Site _____

Court # _____

Referees _____

Type
- ☐ Traditional
- ☐ Unified

Sex
- ☐ Men
- ☐ Women

Age Group
- ☐ Youth
- ☐ Junior
- ☐ Senior
- ☐ Master
- ☐ Senior Master

Division
- ☐ 1   ☐ 5
- ☐ 2   ☐ 6
- ☐ 3   ☐ 7
- ☐ 4   ☐ 8

VISITORS

Team Fouls:

1st Half | 1 | 2 | 3 | 4 | 5 | 6 | 7 | 8 | 9 | 10 | + |

2nd Half | 1 | 2 | 3 | 4 | 5 | 6 | 7 | 8 | 9 | 10 | + |

1 + 1   2 Shots

Uniform Color _____

Time Outs: 60 Secs | 1 | 2 | 3 |

30 Secs | 1 | 2 |

Running Score

1	29	57
2	30	58
3	31	59
4	32	60
5	33	61
6	34	62
7	35	63
8	36	64
9	37	65
10	38	66
11	39	67
12	40	68
13	41	69
14	42	70
15	43	71
16	44	72
17	45	73
18	46	74
19	47	75
20	48	76
21	49	77
22	50	78
23	51	79
24	52	80
25	53	81
26	54	82
27	55	83
28	56	84

SCORING: 3 = 3 point goal 2 = 2 point goal
● = FT Made   ○ = FT missed

No.	U	Player	Fouls					1st	2nd	3rd	4th
			1	2	3	4	5				
			1	2	3	4	5				
			1	2	3	4	5				
			1	2	3	4	5				
			1	2	3	4	5				
			1	2	3	4	5				
			1	2	3	4	5				
			1	2	3	4	5				
			1	2	3	4	5				
			1	2	3	4	5				
			1	2	3	4	5				

FINAL SCORE: _____   Quarter Total

Alternating Possession | H | V | H | V | H | V | H | V | H | V | H | V | H | V | H | V | H | V | H | V | H | V | H | V |

Defensive Warning ☐☐

HOME

Team Fouls:

1st Half | 1 | 2 | 3 | 4 | 5 | 6 | 7 | 8 | 9 | 10 | + |

2nd Half | 1 | 2 | 3 | 4 | 5 | 6 | 7 | 8 | 9 | 10 | + |

1 + 1   2 Shots

Uniform Color _____

Time Outs: 60 Secs | 1 | 2 | 3 |

30 Secs | 1 | 2 |

Running Score

1	29	57
2	30	58
3	31	59
4	32	60
5	33	61
6	34	62
7	35	63
8	36	64
9	37	65
10	38	66
11	39	67
12	40	68
13	41	69
14	42	70
15	43	71
16	44	72
17	45	73
18	46	74
19	47	75
20	48	76
21	49	77
22	50	78
23	51	79
24	52	80
25	53	81
26	54	82
27	55	83
28	56	84

SCORING: 3 = 3 point goal 2 = 2 point goal
● = FT Made   ○ = FT missed

No.	U	Player	Fouls					1st	2nd	3rd	4th
			1	2	3	4	5				
			1	2	3	4	5				
			1	2	3	4	5				
			1	2	3	4	5				
			1	2	3	4	5				
			1	2	3	4	5				
			1	2	3	4	5				
			1	2	3	4	5				
			1	2	3	4	5				
			1	2	3	4	5				
			1	2	3	4	5				

_____   Quarter Total

BASKETBALL SCORE SHEET

Date _____

Game Time _____

Site _____

Court # _____

Referees _____

Type
- ☐ Traditional
- ☐ Unified

Sex
- ☐ Men
- ☐ Women

Age Group
- ☐ Youth
- ☐ Junior
- ☐ Senior
- ☐ Master
- ☐ Senior Master

Division
- ☐ 1 ☐ 5
- ☐ 2 ☐ 6
- ☐ 3 ☐ 7
- ☐ 4 ☐ 8

VISITORS _____

Uniform Color _____

Team Fouls:

1st Half: | 1 | 2 | 3 | 4 | 5 | 6 | | 7 | 8 | 9 | | 10 | + |

2nd Half: | 1 | 2 | 3 | 4 | 5 | 6 | | 7 | 8 | 9 | | 10 | + |

1 + 1   2 Shots

Time Outs: 60 Secs | 1 | 2 | 3 |

30 Secs | 1 | 2 |

No.	U	Player	Fouls					SCORING: 3 = 3 point goal 2 = 2 point goal ● = FT Made O = FT missed			
								1st	2nd	3rd	4th
			1	2	3	4	5				
			1	2	3	4	5				
			1	2	3	4	5				
			1	2	3	4	5				
			1	2	3	4	5				
			1	2	3	4	5				
			1	2	3	4	5				
			1	2	3	4	5				
			1	2	3	4	5				
			1	2	3	4	5				
			1	2	3	4	5				
			1	2	3	4	5				

FINAL SCORE: _____   Quarter Total

Running Score

1		29		57
2		30		58
3		31		59
4		32		60
5		33		61
6		34		62
7		35		63
8		36		64
9		37		65
10		38		66
11		39		67
12		40		68
13		41		69
14		42		70
15		43		71
16		44		72
17		45		73
18		46		74
19		47		75
20		48		76
21		49		77
22		50		78
23		51		79
24		52		80
25		53		81
26		54		82
27		55		83
28		56		84

Alternating Possession | H | V | H | V | H | V | H | V | H | V | H | V | H | V | H | V | H | V | H | V | H | V | H | V |

Defensive Warning | | |

HOME _____

Uniform Color _____

Team Fouls:

1st Half: | 1 | 2 | 3 | 4 | 5 | 6 | | 7 | 8 | 9 | | 10 | + |

2nd Half: | 1 | 2 | 3 | 4 | 5 | 6 | | 7 | 8 | 9 | | 10 | + |

1 + 1   2 Shots

Time Outs: 60 Secs | 1 | 2 | 3 |

30 Secs | 1 | 2 |

No.	U	Player	Fouls					SCORING: 3 = 3 point goal 2 = 2 point goal ● = FT Made o = FT missed			
								1st	2nd	3rd	4th
			1	2	3	4	5				
			1	2	3	4	5				
			1	2	3	4	5				
			1	2	3	4	5				
			1	2	3	4	5				
			1	2	3	4	5				
			1	2	3	4	5				
			1	2	3	4	5				
			1	2	3	4	5				
			1	2	3	4	5				
			1	2	3	4	5				

_____   Quarter Total

Running Score

1		29		57
2		30		58
3		31		59
4		32		60
5		33		61
6		34		62
7		35		63
8		36		64
9		37		65
10		38		66
11		39		67
12		40		68
13		41		69
14		42		70
15		43		71
16		44		72
17		45		73
18		46		74
19		47		75
20		48		76
21		49		77
22		50		78
23		51		79
24		52		80
25		53		81
26		54		82
27		55		83
28		56		84

BASKETBALL SCORE SHEET

Date _____

Game Time _____

Site _____

Court # _____

Referees _____

Type
- ☐ Traditional
- ☐ Unified

Sex
- ☐ Men
- ☐ Women

Age Group
- ☐ Youth
- ☐ Junior
- ☐ Senior
- ☐ Master
- ☐ Senior Master

Division
- ☐ 1 ☐ 5
- ☐ 2 ☐ 6
- ☐ 3 ☐ 7
- ☐ 4 ☐ 8

VISITORS _____

Uniform Color _____

Team Fouls:
1st Half | 1 2 3 4 5 6 | 7 8 9 | 10 + |
2nd Half | 1 2 3 4 5 6 | 7 8 9 | 10 + |
1 + 1   2 Shots

Time Outs: 60 Secs | 1 2 3 |
30 Secs | 1 2 |

No.	U	Player	Fouls	SCORING: 3 = 3 point goal 2 = 2 point goal ● = FT Made ○ = FT missed			
				1st	2nd	3rd	4th
			1 2 3 4 5				
			1 2 3 4 5				
			1 2 3 4 5				
			1 2 3 4 5				
			1 2 3 4 5				
			1 2 3 4 5				
			1 2 3 4 5				
			1 2 3 4 5				
			1 2 3 4 5				
			1 2 3 4 5				
			1 2 3 4 5				
			1 2 3 4 5				

FINAL SCORE: _____   Quarter Total

Running Score

1	29	57
2	30	58
3	31	59
4	32	60
5	33	61
6	34	62
7	35	63
8	36	64
9	37	65
10	38	66
11	39	67
12	40	68
13	41	69
14	42	70
15	43	71
16	44	72
17	45	73
18	46	74
19	47	75
20	48	76
21	49	77
22	50	78
23	51	79
24	52	80
25	53	81
26	54	82
27	55	83
28	56	84

Alternating Possession | H V H V H V H V H V H V H V H V H V H V H V H V |

Defensive Warning ☐☐

HOME _____

Uniform Color _____

Team Fouls:
1st Half | 1 2 3 4 5 6 | 7 8 9 | 10 + |
2nd Half | 1 2 3 4 5 6 | 7 8 9 | 10 + |
1 + 1   2 Shots

Time Outs: 60 Secs | 1 2 3 |
30 Secs | 1 2 |

No.	U	Player	Fouls	SCORING: 3 = 3 point goal 2 = 2 point goal ● = FT Made ○ = FT missed			
				1st	2nd	3rd	4th
			1 2 3 4 5				
			1 2 3 4 5				
			1 2 3 4 5				
			1 2 3 4 5				
			1 2 3 4 5				
			1 2 3 4 5				
			1 2 3 4 5				
			1 2 3 4 5				
			1 2 3 4 5				
			1 2 3 4 5				
			1 2 3 4 5				
			1 2 3 4 5				

_____   Quarter Total

Running Score

1	29	57
2	30	58
3	31	59
4	32	60
5	33	61
6	34	62
7	35	63
8	36	64
9	37	65
10	38	66
11	39	67
12	40	68
13	41	69
14	42	70
15	43	71
16	44	72
17	45	73
18	46	74
19	47	75
20	48	76
21	49	77
22	50	78
23	51	79
24	52	80
25	53	81
26	54	82
27	55	83
28	56	84

BASKETBALL SCORE SHEET

Date _____

Game Time _____

Site _____

Court # _____

Referees _____

Type
- ☐ Traditional
- ☐ Unified

Sex
- ☐ Men
- ☐ Women

Age Group
- ☐ Youth
- ☐ Junior
- ☐ Senior
- ☐ Master
- ☐ Senior Master

Division
- ☐ 1   ☐ 5
- ☐ 2   ☐ 6
- ☐ 3   ☐ 7
- ☐ 4   ☐ 8

Running Score

1	29	57
2	30	58
3	31	59
4	32	60
5	33	61
6	34	62
7	35	63
8	36	64
9	37	65
10	38	66
11	39	67
12	40	68
13	41	69
14	42	70
15	43	71
16	44	72
17	45	73
18	46	74
19	47	75
20	48	76
21	49	77
22	50	78
23	51	79
24	52	80
25	53	81
26	54	82
27	55	83
28	56	84

VISITORS _____

Uniform Color _____

Team Fouls:

1st Half: | 1 | 2 | 3 | 4 | 5 | 6 | | 7 | 8 | 9 | | 10 | + |

2nd Half: | 1 | 2 | 3 | 4 | 5 | 6 | | 7 | 8 | 9 | | 10 | + |

1 + 1   2 Shots

Time Outs: 60 Secs | 1 | 2 | 3 |

30 Secs | 1 | 2 |

SCORING: 3 = 3 point goal 2 = 2 point goal
● = FT Made   ○ = FT missed

No.	U	Player	Fouls					1st	2nd	3rd	4th
			1	2	3	4	5				
			1	2	3	4	5				
			1	2	3	4	5				
			1	2	3	4	5				
			1	2	3	4	5				
			1	2	3	4	5				
			1	2	3	4	5				
			1	2	3	4	5				
			1	2	3	4	5				
			1	2	3	4	5				
			1	2	3	4	5				
			1	2	3	4	5				

FINAL SCORE: _____   Quarter Total

Alternating Possession | H | V | H | V | H | V | H | V | H | V | H | V | H | V | H | V | H | V | H | V | H | V | H | V |

Defensive Warning ☐ ☐

Running Score

1	29	57
2	30	58
3	31	59
4	32	60
5	33	61
6	34	62
7	35	63
8	36	64
9	37	65
10	38	66
11	39	67
12	40	68
13	41	69
14	42	70
15	43	71
16	44	72
17	45	73
18	46	74
19	47	75
20	48	76
21	49	77
22	50	78
23	51	79
24	52	80
25	53	81
26	54	82
27	55	83
28	56	84

HOME _____

Uniform Color _____

Team Fouls:

1st Half: | 1 | 2 | 3 | 4 | 5 | 6 | | 7 | 8 | 9 | | 10 | + |

2nd Half: | 1 | 2 | 3 | 4 | 5 | 6 | | 7 | 8 | 9 | | 10 | + |

1 + 1   2 Shots

Time Outs: 60 Secs | 1 | 2 | 3 |

30 Secs | 1 | 2 |

SCORING: 3 = 3 point goal 2 = 2 point goal
● = FT Made   ○ = FT missed

No.	U	Player	Fouls					1st	2nd	3rd	4th
			1	2	3	4	5				
			1	2	3	4	5				
			1	2	3	4	5				
			1	2	3	4	5				
			1	2	3	4	5				
			1	2	3	4	5				
			1	2	3	4	5				
			1	2	3	4	5				
			1	2	3	4	5				
			1	2	3	4	5				
			1	2	3	4	5				
			1	2	3	4	5				

_____   Quarter Total

BASKETBALL SCORE SHEET

	Type	Age Group	Division
Date _____	☐ Traditional	☐ Youth	☐ 1 ☐ 5
Game Time _____	☐ Unified	☐ Junior	☐ 2 ☐ 6
Site _____	**Sex**	☐ Senior	☐ 3 ☐ 7
Court # _____	☐ Men	☐ Master	☐ 4 ☐ 8
Referees _____	☐ Women	☐ Senior Master	

VISITORS

VISITORS _____

Uniform Color _____

Team Fouls:

1st Half: | 1 | 2 | 3 | 4 | 5 | 6 | | 7 | 8 | 9 | | 10 | + |

2nd Half: | 1 | 2 | 3 | 4 | 5 | 6 | | 7 | 8 | 9 | | 10 | + |

1 + 1   2 Shots

Time Outs: 60 Secs: | 1 | 2 | 3 |

30 Secs: | 1 | 2 |

No.	U	Player	Fouls					SCORING: 3 = 3 point goal 2 = 2 point goal ● = FT Made ○ = FT missed			
								1st	2nd	3rd	4th
			1	2	3	4	5				
			1	2	3	4	5				
			1	2	3	4	5				
			1	2	3	4	5				
			1	2	3	4	5				
			1	2	3	4	5				
			1	2	3	4	5				
			1	2	3	4	5				
			1	2	3	4	5				
			1	2	3	4	5				
			1	2	3	4	5				
			1	2	3	4	5				

FINAL SCORE: _____   Quarter Total

Running Score

1	29	57
2	30	58
3	31	59
4	32	60
5	33	61
6	34	62
7	35	63
8	36	64
9	37	65
10	38	66
11	39	67
12	40	68
13	41	69
14	42	70
15	43	71
16	44	72
17	45	73
18	46	74
19	47	75
20	48	76
21	49	77
22	50	78
23	51	79
24	52	80
25	53	81
26	54	82
27	55	83
28	56	84

Alternating Possession: | H | V | H | V | H | V | H | V | H | V | H | V | H | V | H | V | H | V | H | V | H | V |

Defensive Warning: ☐ ☐

HOME

HOME _____

Uniform Color _____

Team Fouls:

1st Half: | 1 | 2 | 3 | 4 | 5 | 6 | | 7 | 8 | 9 | | 10 | + |

2nd Half: | 1 | 2 | 3 | 4 | 5 | 6 | | 7 | 8 | 9 | | 10 | + |

1 + 1   2 Shots

Time Outs: 60 Secs: | 1 | 2 | 3 |

30 Secs: | 1 | 2 |

No.	U	Player	Fouls					SCORING: 3 = 3 point goal 2 = 2 point goal ● = FT Made ○ = FT missed			
								1st	2nd	3rd	4th
			1	2	3	4	5				
			1	2	3	4	5				
			1	2	3	4	5				
			1	2	3	4	5				
			1	2	3	4	5				
			1	2	3	4	5				
			1	2	3	4	5				
			1	2	3	4	5				
			1	2	3	4	5				
			1	2	3	4	5				
			1	2	3	4	5				
			1	2	3	4	5				

_____   Quarter Total

Running Score

1	29	57
2	30	58
3	31	59
4	32	60
5	33	61
6	34	62
7	35	63
8	36	64
9	37	65
10	38	66
11	39	67
12	40	68
13	41	69
14	42	70
15	43	71
16	44	72
17	45	73
18	46	74
19	47	75
20	48	76
21	49	77
22	50	78
23	51	79
24	52	80
25	53	81
26	54	82
27	55	83
28	56	84

BASKETBALL SCORE SHEET

Date _____

Game Time _____

Site _____

Court # _____

Referees _____

Type
- ☐ Traditional
- ☐ Unified

Sex
- ☐ Men
- ☐ Women

Age Group
- ☐ Youth
- ☐ Junior
- ☐ Senior
- ☐ Master
- ☐ Senior Master

Division
- ☐ 1   ☐ 5
- ☐ 2   ☐ 6
- ☐ 3   ☐ 7
- ☐ 4   ☐ 8

VISITORS _____

Uniform Color _____

Team Fouls:

1st Half | 1 2 3 4 5 6 | 7 8 9 | 10 +

2nd Half | 1 2 3 4 5 6 | 7 8 9 | 10 +

1 + 1   2 Shots

Time Outs: 60 Secs | 1 2 3

30 Secs | 1 2

No.	U	Player	Fouls					SCORING: 3 = 3 point goal 2 = 2 point goal • = FT Made ○ = FT missed			
								1st	2nd	3rd	4th
			1	2	3	4	5				
			1	2	3	4	5				
			1	2	3	4	5				
			1	2	3	4	5				
			1	2	3	4	5				
			1	2	3	4	5				
			1	2	3	4	5				
			1	2	3	4	5				
			1	2	3	4	5				
			1	2	3	4	5				
			1	2	3	4	5				
			1	2	3	4	5				

FINAL SCORE: _____   Quarter Total

Running Score

1	29	57			
2	30	58			
3	31	59			
4	32	60			
5	33	61			
6	34	62			
7	35	63			
8	36	64			
9	37	65			
10	38	66			
11	39	67			
12	40	68			
13	41	69			
14	42	70			
15	43	71			
16	44	72			
17	45	73			
18	46	74			
19	47	75			
20	48	76			
21	49	77			
22	50	78			
23	51	79			
24	52	80			
25	53	81			
26	54	82			
27	55	83			
28	56	84			

Alternating Possession | H V H V H V H V H V H V H V H V H V H V H V H V H V H V

Defensive Warning ☐☐

HOME _____

Uniform Color _____

Team Fouls:

1st Half | 1 2 3 4 5 6 | 7 8 9 | 10 +

2nd Half | 1 2 3 4 5 6 | 7 8 9 | 10 +

1 + 1   2 Shots

Time Outs: 60 Secs | 1 2 3

30 Secs | 1 2

No.	U	Player	Fouls					SCORING: 3 = 3 point goal 2 = 2 point goal • = FT Made ○ = FT missed			
								1st	2nd	3rd	4th
			1	2	3	4	5				
			1	2	3	4	5				
			1	2	3	4	5				
			1	2	3	4	5				
			1	2	3	4	5				
			1	2	3	4	5				
			1	2	3	4	5				
			1	2	3	4	5				
			1	2	3	4	5				
			1	2	3	4	5				
			1	2	3	4	5				
			1	2	3	4	5				

_____   Quarter Total

Running Score

1	29	57			
2	30	58			
3	31	59			
4	32	60			
5	33	61			
6	34	62			
7	35	63			
8	36	64			
9	37	65			
10	38	66			
11	39	67			
12	40	68			
13	41	69			
14	42	70			
15	43	71			
16	44	72			
17	45	73			
18	46	74			
19	47	75			
20	48	76			
21	49	77			
22	50	78			
23	51	79			
24	52	80			
25	53	81			
26	54	82			
27	55	83			
28	56	84			

BASKETBALL SCORE SHEET

Date _____

Game Time _____

Site _____

Court # _____

Referees _____

Type
- ☐ Traditional
- ☐ Unified

Sex
- ☐ Men
- ☐ Women

Age Group
- ☐ Youth
- ☐ Junior
- ☐ Senior
- ☐ Master
- ☐ Senior Master

Division
- ☐ 1   ☐ 5
- ☐ 2   ☐ 6
- ☐ 3   ☐ 7
- ☐ 4   ☐ 8

VISITORS _____

Uniform Color _____

Team Fouls:
1st Half | 1 | 2 | 3 | 4 | 5 | 6 | 7 | 8 | 9 | 10 | +
2nd Half | 1 | 2 | 3 | 4 | 5 | 6 | 7 | 8 | 9 | 10 | +
1 + 1   2 Shots

Time Outs: 60 Secs | 1 | 2 | 3
30 Secs | 1 | 2

No.	U	Player	Fouls					SCORING: 3 = 3 point goal 2 = 2 point goal ● = FT Made O = FT missed			
								1st	2nd	3rd	4th
			1	2	3	4	5				
			1	2	3	4	5				
			1	2	3	4	5				
			1	2	3	4	5				
			1	2	3	4	5				
			1	2	3	4	5				
			1	2	3	4	5				
			1	2	3	4	5				
			1	2	3	4	5				
			1	2	3	4	5				
			1	2	3	4	5				
			1	2	3	4	5				

FINAL SCORE: _____   Quarter Total

Running Score

1	29	57
2	30	58
3	31	59
4	32	60
5	33	61
6	34	62
7	35	63
8	36	64
9	37	65
10	38	66
11	39	67
12	40	68
13	41	69
14	42	70
15	43	71
16	44	72
17	45	73
18	46	74
19	47	75
20	48	76
21	49	77
22	50	78
23	51	79
24	52	80
25	53	81
26	54	82
27	55	83
28	56	84

Alternating Possession | H | V | H | V | H | V | H | V | H | V | H | V | H | V | H | V | H | V | H | V | H | V | H | V

Defensive Warning ☐☐

HOME _____

Uniform Color _____

Team Fouls:
1st Half | 1 | 2 | 3 | 4 | 5 | 6 | 7 | 8 | 9 | 10 | +
2nd Half | 1 | 2 | 3 | 4 | 5 | 6 | 7 | 8 | 9 | 10 | +
1 + 1   2 Shots

Time Outs: 60 Secs | 1 | 2 | 3
30 Secs | 1 | 2

No.	U	Player	Fouls					SCORING: 3 = 3 point goal 2 = 2 point goal ● = FT Made o = FT missed			
								1st	2nd	3rd	4th
			1	2	3	4	5				
			1	2	3	4	5				
			1	2	3	4	5				
			1	2	3	4	5				
			1	2	3	4	5				
			1	2	3	4	5				
			1	2	3	4	5				
			1	2	3	4	5				
			1	2	3	4	5				
			1	2	3	4	5				
			1	2	3	4	5				
			1	2	3	4	5				

_____   Quarter Total

Running Score

1	29	57
2	30	58
3	31	59
4	32	60
5	33	61
6	34	62
7	35	63
8	36	64
9	37	65
10	38	66
11	39	67
12	40	68
13	41	69
14	42	70
15	43	71
16	44	72
17	45	73
18	46	74
19	47	75
20	48	76
21	49	77
22	50	78
23	51	79
24	52	80
25	53	81
26	54	82
27	55	83
28	56	84

BASKETBALL SCORE SHEET

Date _____

Game Time _____

Site _____

Court # _____

Referees _____

Type
- ☐ Traditional
- ☐ Unified

Sex
- ☐ Men
- ☐ Women

Age Group
- ☐ Youth
- ☐ Junior
- ☐ Senior
- ☐ Master
- ☐ Senior Master

Division
- ☐ 1   ☐ 5
- ☐ 2   ☐ 6
- ☐ 3   ☐ 7
- ☐ 4   ☐ 8

VISITORS _____

Uniform Color _____

Team Fouls:

| 1st Half | 1 | 2 | 3 | 4 | 5 | 6 | 7 | 8 | 9 | 10 | + |
| 2nd Half | 1 | 2 | 3 | 4 | 5 | 6 | 7 | 8 | 9 | 10 | + |

1 + 1   2 Shots

Time Outs: 60 Secs | 1 | 2 | 3 |

30 Secs | 1 | 2 |

No.	U	Player	Fouls					SCORING: 3 = 3 point goal 2 = 2 point goal ● = FT Made ○ = FT missed			
								1st	2nd	3rd	4th
			1	2	3	4	5				
			1	2	3	4	5				
			1	2	3	4	5				
			1	2	3	4	5				
			1	2	3	4	5				
			1	2	3	4	5				
			1	2	3	4	5				
			1	2	3	4	5				
			1	2	3	4	5				
			1	2	3	4	5				
			1	2	3	4	5				
			1	2	3	4	5				
			1	2	3	4	5				

FINAL SCORE: _____   Quarter Total

Running Score

1	29	57
2	30	58
3	31	59
4	32	60
5	33	61
6	34	62
7	35	63
8	36	64
9	37	65
10	38	66
11	39	67
12	40	68
13	41	69
14	42	70
15	43	71
16	44	72
17	45	73
18	46	74
19	47	75
20	48	76
21	49	77
22	50	78
23	51	79
24	52	80
25	53	81
26	54	82
27	55	83
28	56	84

Alternating Possession | H | V | H | V | H | V | H | V | H | V | H | V | H | V | H | V | H | V | H | V | H | V | H | V | H | V |

Defensive Warning | ☐ | ☐ |

HOME _____

Uniform Color _____

Team Fouls:

| 1st Half | 1 | 2 | 3 | 4 | 5 | 6 | 7 | 8 | 9 | 10 | + |
| 2nd Half | 1 | 2 | 3 | 4 | 5 | 6 | 7 | 8 | 9 | 10 | + |

1 + 1   2 Shots

Time Outs: 60 Secs | 1 | 2 | 3 |

30 Secs | 1 | 2 |

No.	U	Player	Fouls					SCORING: 3 = 3 point goal 2 = 2 point goal ● = FT Made ○ = FT missed			
								1st	2nd	3rd	4th
			1	2	3	4	5				
			1	2	3	4	5				
			1	2	3	4	5				
			1	2	3	4	5				
			1	2	3	4	5				
			1	2	3	4	5				
			1	2	3	4	5				
			1	2	3	4	5				
			1	2	3	4	5				
			1	2	3	4	5				
			1	2	3	4	5				
			1	2	3	4	5				
			1	2	3	4	5				

_____   Quarter Total

Running Score

1	29	57
2	30	58
3	31	59
4	32	60
5	33	61
6	34	62
7	35	63
8	36	64
9	37	65
10	38	66
11	39	67
12	40	68
13	41	69
14	42	70
15	43	71
16	44	72
17	45	73
18	46	74
19	47	75
20	48	76
21	49	77
22	50	78
23	51	79
24	52	80
25	53	81
26	54	82
27	55	83
28	56	84

BASKETBALL SCORE SHEET

Date _____

Game Time _____

Site _____

Court # _____

Referees _____

Type
- ☐ Traditional
- ☐ Unified

Sex
- ☐ Men
- ☐ Women

Age Group
- ☐ Youth
- ☐ Junior
- ☐ Senior
- ☐ Master
- ☐ Senior Master

Division
- ☐ 1 ☐ 5
- ☐ 2 ☐ 6
- ☐ 3 ☐ 7
- ☐ 4 ☐ 8

VISITORS

VISITORS _____

Uniform Color _____

Team Fouls:

1st Half: | 1 | 2 | 3 | 4 | 5 | 6 | | 7 | 8 | 9 | | 10 | + |

2nd Half: | 1 | 2 | 3 | 4 | 5 | 6 | | 7 | 8 | 9 | | 10 | + |

1 + 1   2 Shots

Time Outs: 60 Secs | 1 | 2 | 3 |

30 Secs | 1 | 2 |

No.	U	Player	Fouls					SCORING: 3 = 3 point goal 2 = 2 point goal ● = FT Made ○ = FT missed			
								1st	2nd	3rd	4th
			1	2	3	4	5				
			1	2	3	4	5				
			1	2	3	4	5				
			1	2	3	4	5				
			1	2	3	4	5				
			1	2	3	4	5				
			1	2	3	4	5				
			1	2	3	4	5				
			1	2	3	4	5				
			1	2	3	4	5				
			1	2	3	4	5				
			1	2	3	4	5				

FINAL SCORE: _____   Quarter Total

Running Score (Visitors)

1	29	57
2	30	58
3	31	59
4	32	60
5	33	61
6	34	62
7	35	63
8	36	64
9	37	65
10	38	66
11	39	67
12	40	68
13	41	69
14	42	70
15	43	71
16	44	72
17	45	73
18	46	74
19	47	75
20	48	76
21	49	77
22	50	78
23	51	79
24	52	80
25	53	81
26	54	82
27	55	83
28	56	84

Alternating Possession | H | V | H | V | H | V | H | V | H | V | H | V | H | V | H | V | H | V | H | V | H | V | H | V |

Defensive Warning | | |

HOME

HOME _____

Uniform Color _____

Team Fouls:

1st Half: | 1 | 2 | 3 | 4 | 5 | 6 | | 7 | 8 | 9 | | 10 | + |

2nd Half: | 1 | 2 | 3 | 4 | 5 | 6 | | 7 | 8 | 9 | | 10 | + |

1 + 1   2 Shots

Time Outs: 60 Secs | 1 | 2 | 3 |

30 Secs | 1 | 2 |

No.	U	Player	Fouls					SCORING: 3 = 3 point goal 2 = 2 point goal ● = FT Made ○ = FT missed			
								1st	2nd	3rd	4th
			1	2	3	4	5				
			1	2	3	4	5				
			1	2	3	4	5				
			1	2	3	4	5				
			1	2	3	4	5				
			1	2	3	4	5				
			1	2	3	4	5				
			1	2	3	4	5				
			1	2	3	4	5				
			1	2	3	4	5				
			1	2	3	4	5				
			1	2	3	4	5				

_____   Quarter Total

Running Score (Home)

1	29	57
2	30	58
3	31	59
4	32	60
5	33	61
6	34	62
7	35	63
8	36	64
9	37	65
10	38	66
11	39	67
12	40	68
13	41	69
14	42	70
15	43	71
16	44	72
17	45	73
18	46	74
19	47	75
20	48	76
21	49	77
22	50	78
23	51	79
24	52	80
25	53	81
26	54	82
27	55	83
28	56	84

BASKETBALL SCORE SHEET

Date _____

Game Time _____

Site _____

Court # _____

Referees _____

Type
- ☐ Traditional
- ☐ Unified

Sex
- ☐ Men
- ☐ Women

Age Group
- ☐ Youth
- ☐ Junior
- ☐ Senior
- ☐ Master
- ☐ Senior Master

Division
- ☐ 1 ☐ 5
- ☐ 2 ☐ 6
- ☐ 3 ☐ 7
- ☐ 4 ☐ 8

VISITORS _____

Uniform Color _____

Team Fouls:

1st Half: | 1 | 2 | 3 | 4 | 5 | 6 | | 7 | 8 | 9 | | 10 | + |

2nd Half: | 1 | 2 | 3 | 4 | 5 | 6 | | 7 | 8 | 9 | | 10 | + |

1 + 1   2 Shots

Time Outs: 60 Secs | 1 | 2 | 3 |

30 Secs | 1 | 2 |

No.	U	Player	Fouls					SCORING: 3 = 3 point goal 2 = 2 point goal ● = FT Made ○ = FT missed			
								1st	2nd	3rd	4th
			1	2	3	4	5				
			1	2	3	4	5				
			1	2	3	4	5				
			1	2	3	4	5				
			1	2	3	4	5				
			1	2	3	4	5				
			1	2	3	4	5				
			1	2	3	4	5				
			1	2	3	4	5				
			1	2	3	4	5				
			1	2	3	4	5				
			1	2	3	4	5				

FINAL SCORE: _____   Quarter Total

Running Score

1	29	57
2	30	58
3	31	59
4	32	60
5	33	61
6	34	62
7	35	63
8	36	64
9	37	65
10	38	66
11	39	67
12	40	68
13	41	69
14	42	70
15	43	71
16	44	72
17	45	73
18	46	74
19	47	75
20	48	76
21	49	77
22	50	78
23	51	79
24	52	80
25	53	81
26	54	82
27	55	83
28	56	84

Alternating Possession | H | V | H | V | H | V | H | V | H | V | H | V | H | V | H | V | H | V | H | V | H | V |

Defensive Warning | | |

HOME _____

Uniform Color _____

Team Fouls:

1st Half: | 1 | 2 | 3 | 4 | 5 | 6 | | 7 | 8 | 9 | | 10 | + |

2nd Half: | 1 | 2 | 3 | 4 | 5 | 6 | | 7 | 8 | 9 | | 10 | + |

1 + 1   2 Shots

Time Outs: 60 Secs | 1 | 2 | 3 |

30 Secs | 1 | 2 |

No.	U	Player	Fouls					SCORING: 3 = 3 point goal 2 = 2 point goal ● = FT Made ○ = FT missed			
								1st	2nd	3rd	4th
			1	2	3	4	5				
			1	2	3	4	5				
			1	2	3	4	5				
			1	2	3	4	5				
			1	2	3	4	5				
			1	2	3	4	5				
			1	2	3	4	5				
			1	2	3	4	5				
			1	2	3	4	5				
			1	2	3	4	5				
			1	2	3	4	5				
			1	2	3	4	5				

_____   Quarter Total

Running Score

1	29	57
2	30	58
3	31	59
4	32	60
5	33	61
6	34	62
7	35	63
8	36	64
9	37	65
10	38	66
11	39	67
12	40	68
13	41	69
14	42	70
15	43	71
16	44	72
17	45	73
18	46	74
19	47	75
20	48	76
21	49	77
22	50	78
23	51	79
24	52	80
25	53	81
26	54	82
27	55	83
28	56	84

BASKETBALL SCORE SHEET

Date _____

Game Time _____

Site _____

Court # _____

Referees _____

Type
- ☐ Traditional
- ☐ Unified

Sex
- ☐ Men
- ☐ Women

Age Group
- ☐ Youth
- ☐ Junior
- ☐ Senior
- ☐ Master
- ☐ Senior Master

Division
- ☐ 1 ☐ 5
- ☐ 2 ☐ 6
- ☐ 3 ☐ 7
- ☐ 4 ☐ 8

VISITORS _____   Uniform Color _____

Team Fouls:
1st Half | 1 | 2 | 3 | 4 | 5 | 6 | | 7 | 8 | 9 | | 10 | + |
2nd Half | 1 | 2 | 3 | 4 | 5 | 6 | | 7 | 8 | 9 | | 10 | + |
1 + 1   2 Shots

Time Outs: 60 Secs | 1 | 2 | 3 |
30 Secs | 1 | 2 |

No.	U	Player	Fouls					SCORING: 3 = 3 point goal 2 = 2 point goal • = FT Made O = FT missed			
								1st	2nd	3rd	4th
			1	2	3	4	5				
			1	2	3	4	5				
			1	2	3	4	5				
			1	2	3	4	5				
			1	2	3	4	5				
			1	2	3	4	5				
			1	2	3	4	5				
			1	2	3	4	5				
			1	2	3	4	5				
			1	2	3	4	5				
			1	2	3	4	5				
			1	2	3	4	5				

FINAL SCORE: _____   Quarter Total

Running Score

1	29	57
2	30	58
3	31	59
4	32	60
5	33	61
6	34	62
7	35	63
8	36	64
9	37	65
10	38	66
11	39	67
12	40	68
13	41	69
14	42	70
15	43	71
16	44	72
17	45	73
18	46	74
19	47	75
20	48	76
21	49	77
22	50	78
23	51	79
24	52	80
25	53	81
26	54	82
27	55	83
28	56	84

Alternating Possession | H | V | H | V | H | V | H | V | H | V | H | V | H | V | H | V | H | V | H | V | H | V | H | V |

Defensive Warning ☐ ☐

HOME _____   Uniform Color _____

Team Fouls:
1st Half | 1 | 2 | 3 | 4 | 5 | 6 | | 7 | 8 | 9 | | 10 | + |
2nd Half | 1 | 2 | 3 | 4 | 5 | 6 | | 7 | 8 | 9 | | 10 | + |
1 + 1   2 Shots

Time Outs: 60 Secs | 1 | 2 | 3 |
30 Secs | 1 | 2 |

No.	U	Player	Fouls					SCORING: 3 = 3 point goal 2 = 2 point goal • = FT Made o = FT missed			
								1st	2nd	3rd	4th
			1	2	3	4	5				
			1	2	3	4	5				
			1	2	3	4	5				
			1	2	3	4	5				
			1	2	3	4	5				
			1	2	3	4	5				
			1	2	3	4	5				
			1	2	3	4	5				
			1	2	3	4	5				
			1	2	3	4	5				
			1	2	3	4	5				
			1	2	3	4	5				

_____   Quarter Total

Running Score

1	29	57
2	30	58
3	31	59
4	32	60
5	33	61
6	34	62
7	35	63
8	36	64
9	37	65
10	38	66
11	39	67
12	40	68
13	41	69
14	42	70
15	43	71
16	44	72
17	45	73
18	46	74
19	47	75
20	48	76
21	49	77
22	50	78
23	51	79
24	52	80
25	53	81
26	54	82
27	55	83
28	56	84

BASKETBALL SCORE SHEET

Date _____	
Game Time _____	
Site _____	
Court # _____	
Referees _____	

Type
☐ Traditional
☐ Unified

Sex
☐ Men
☐ Women

Age Group
☐ Youth
☐ Junior
☐ Senior
☐ Master
☐ Senior Master

Division
☐ 1   ☐ 5
☐ 2   ☐ 6
☐ 3   ☐ 7
☐ 4   ☐ 8

VISITORS _____

Uniform Color _____

Team Fouls:

| 1st Half | 1 2 3 4 5 6 | 7 8 9 | 10 + |
| 2nd Half | 1 2 3 4 5 6 | 7 8 9 | 10 + |

1 + 1   2 Shots

Time Outs: 60 Secs | 1 | 2 | 3 |

30 Secs | 1 | 2 |

No.	U	Player	Fouls					SCORING: 3 = 3 point goal 2 = 2 point goal ● = FT Made O = FT missed			
								1st	2nd	3rd	4th
			1	2	3	4	5				
			1	2	3	4	5				
			1	2	3	4	5				
			1	2	3	4	5				
			1	2	3	4	5				
			1	2	3	4	5				
			1	2	3	4	5				
			1	2	3	4	5				
			1	2	3	4	5				
			1	2	3	4	5				
			1	2	3	4	5				
			1	2	3	4	5				

FINAL SCORE: _____   Quarter Total

Running Score (Visitors)

1	29	57
2	30	58
3	31	59
4	32	60
5	33	61
6	34	62
7	35	63
8	36	64
9	37	65
10	38	66
11	39	67
12	40	68
13	41	69
14	42	70
15	43	71
16	44	72
17	45	73
18	46	74
19	47	75
20	48	76
21	49	77
22	50	78
23	51	79
24	52	80
25	53	81
26	54	82
27	55	83
28	56	84

Alternating Possession H V H V H V H V H V H V H V H V H V H V H V H V

Defensive Warning ☐ ☐

HOME _____

Uniform Color _____

Team Fouls:

| 1st Half | 1 2 3 4 5 6 | 7 8 9 | 10 + |
| 2nd Half | 1 2 3 4 5 6 | 7 8 9 | 10 + |

1 + 1   2 Shots

Time Outs: 60 Secs | 1 | 2 | 3 |

30 Secs | 1 | 2 |

No.	U	Player	Fouls					SCORING: 3 = 3 point goal 2 = 2 point goal ● = FT Made o = FT missed			
								1st	2nd	3rd	4th
			1	2	3	4	5				
			1	2	3	4	5				
			1	2	3	4	5				
			1	2	3	4	5				
			1	2	3	4	5				
			1	2	3	4	5				
			1	2	3	4	5				
			1	2	3	4	5				
			1	2	3	4	5				
			1	2	3	4	5				
			1	2	3	4	5				
			1	2	3	4	5				

_____   Quarter Total

Running Score (Home)

1	29	57
2	30	58
3	31	59
4	32	60
5	33	61
6	34	62
7	35	63
8	36	64
9	37	65
10	38	66
11	39	67
12	40	68
13	41	69
14	42	70
15	43	71
16	44	72
17	45	73
18	46	74
19	47	75
20	48	76
21	49	77
22	50	78
23	51	79
24	52	80
25	53	81
26	54	82
27	55	83
28	56	84

BASKETBALL SCORE SHEET

Date _____

Game Time _____

Site _____

Court # _____

Referees _____

Type
- ☐ Traditional
- ☐ Unified

Sex
- ☐ Men
- ☐ Women

Age Group
- ☐ Youth
- ☐ Junior
- ☐ Senior
- ☐ Master
- ☐ Senior Master

Division
- ☐ 1
- ☐ 2
- ☐ 3
- ☐ 4
- ☐ 5
- ☐ 6
- ☐ 7
- ☐ 8

VISITORS _____

Uniform Color _____

Team Fouls:

1st Half | 1 2 3 4 5 6 | 7 8 9 | 10 + |

2nd Half | 1 2 3 4 5 6 | 7 8 9 | 10 + |

1 + 1   2 Shots

Time Outs: 60 Secs | 1 2 3 |

30 Secs | 1 2 |

No.	U	Player	Fouls					SCORING: 3 = 3 point goal 2 = 2 point goal ● = FT Made ○ = FT missed			
								1st	2nd	3rd	4th
			1	2	3	4	5				
			1	2	3	4	5				
			1	2	3	4	5				
			1	2	3	4	5				
			1	2	3	4	5				
			1	2	3	4	5				
			1	2	3	4	5				
			1	2	3	4	5				
			1	2	3	4	5				
			1	2	3	4	5				
			1	2	3	4	5				
			1	2	3	4	5				

FINAL SCORE: _____   Quarter Total

Running Score

1	29	57
2	30	58
3	31	59
4	32	60
5	33	61
6	34	62
7	35	63
8	36	64
9	37	65
10	38	66
11	39	67
12	40	68
13	41	69
14	42	70
15	43	71
16	44	72
17	45	73
18	46	74
19	47	75
20	48	76
21	49	77
22	50	78
23	51	79
24	52	80
25	53	81
26	54	82
27	55	83
28	56	84

Alternating Possession | H V H V H V H V H V H V H V H V H V H V H V H V H V H V |

Defensive Warning | ☐ ☐ |

HOME _____

Uniform Color _____

Team Fouls:

1st Half | 1 2 3 4 5 6 | 7 8 9 | 10 + |

2nd Half | 1 2 3 4 5 6 | 7 8 9 | 10 + |

1 + 1   2 Shots

Time Outs: 60 Secs | 1 2 3 |

30 Secs | 1 2 |

No.	U	Player	Fouls					SCORING: 3 = 3 point goal 2 = 2 point goal ● = FT Made ○ = FT missed			
								1st	2nd	3rd	4th
			1	2	3	4	5				
			1	2	3	4	5				
			1	2	3	4	5				
			1	2	3	4	5				
			1	2	3	4	5				
			1	2	3	4	5				
			1	2	3	4	5				
			1	2	3	4	5				
			1	2	3	4	5				
			1	2	3	4	5				
			1	2	3	4	5				
			1	2	3	4	5				

_____   Quarter Total

Running Score

1	29	57
2	30	58
3	31	59
4	32	60
5	33	61
6	34	62
7	35	63
8	36	64
9	37	65
10	38	66
11	39	67
12	40	68
13	41	69
14	42	70
15	43	71
16	44	72
17	45	73
18	46	74
19	47	75
20	48	76
21	49	77
22	50	78
23	51	79
24	52	80
25	53	81
26	54	82
27	55	83
28	56	84

BASKETBALL SCORE SHEET

Date _____

Game Time _____

Site _____

Court # _____

Referees _____

Type
- ☐ Traditional
- ☐ Unified

Sex
- ☐ Men
- ☐ Women

Age Group
- ☐ Youth
- ☐ Junior
- ☐ Senior
- ☐ Master
- ☐ Senior Master

Division
- ☐ 1   ☐ 5
- ☐ 2   ☐ 6
- ☐ 3   ☐ 7
- ☐ 4   ☐ 8

VISITORS _____

Uniform Color _____

Team Fouls:

1st Half: | 1 | 2 | 3 | 4 | 5 | 6 | | 7 | 8 | 9 | | 10 | + |

2nd Half: | 1 | 2 | 3 | 4 | 5 | 6 | | 7 | 8 | 9 | | 10 | + |

1 + 1   2 Shots

Time Outs: 60 Secs | 1 | 2 | 3 |

30 Secs | 1 | 2 |

No.	U	Player	Fouls					SCORING: 3 = 3 point goal 2 = 2 point goal • = FT Made O = FT missed			
								1st	2nd	3rd	4th
			1	2	3	4	5				
			1	2	3	4	5				
			1	2	3	4	5				
			1	2	3	4	5				
			1	2	3	4	5				
			1	2	3	4	5				
			1	2	3	4	5				
			1	2	3	4	5				
			1	2	3	4	5				
			1	2	3	4	5				
			1	2	3	4	5				
			1	2	3	4	5				

FINAL SCORE: _____   Quarter Total

Running Score

1		29		57
2		30		58
3		31		59
4		32		60
5		33		61
6		34		62
7		35		63
8		36		64
9		37		65
10		38		66
11		39		67
12		40		68
13		41		69
14		42		70
15		43		71
16		44		72
17		45		73
18		46		74
19		47		75
20		48		76
21		49		77
22		50		78
23		51		79
24		52		80
25		53		81
26		54		82
27		55		83
28		56		84

Alternating Possession | H | V | H | V | H | V | H | V | H | V | H | V | H | V | H | V | H | V | H | V | H | V | H | V |

Defensive Warning | | |

HOME _____

Uniform Color _____

Team Fouls:

1st Half: | 1 | 2 | 3 | 4 | 5 | 6 | | 7 | 8 | 9 | | 10 | + |

2nd Half: | 1 | 2 | 3 | 4 | 5 | 6 | | 7 | 8 | 9 | | 10 | + |

1 + 1   2 Shots

Time Outs: 60 Secs | 1 | 2 | 3 |

30 Secs | 1 | 2 |

No.	U	Player	Fouls					SCORING: 3 = 3 point goal 2 = 2 point goal • = FT Made o = FT missed			
								1st	2nd	3rd	4th
			1	2	3	4	5				
			1	2	3	4	5				
			1	2	3	4	5				
			1	2	3	4	5				
			1	2	3	4	5				
			1	2	3	4	5				
			1	2	3	4	5				
			1	2	3	4	5				
			1	2	3	4	5				
			1	2	3	4	5				
			1	2	3	4	5				
			1	2	3	4	5				

_____   Quarter Total

Running Score

1		29		57
2		30		58
3		31		59
4		32		60
5		33		61
6		34		62
7		35		63
8		36		64
9		37		65
10		38		66
11		39		67
12		40		68
13		41		69
14		42		70
15		43		71
16		44		72
17		45		73
18		46		74
19		47		75
20		48		76
21		49		77
22		50		78
23		51		79
24		52		80
25		53		81
26		54		82
27		55		83
28		56		84

BASKETBALL SCORE SHEET

Type
- [ ] Traditional
- [ ] Unified

Sex
- [ ] Men
- [ ] Women

Age Group
- [ ] Youth
- [ ] Junior
- [ ] Senior
- [ ] Master
- [ ] Senior Master

Division
- [ ] 1
- [ ] 2
- [ ] 3
- [ ] 4
- [ ] 5
- [ ] 6
- [ ] 7
- [ ] 8

Date _____
Game Time _____
Site _____
Court # _____
Referees _____

VISITORS _____

Uniform Color _____

Team Fouls:
1st Half: | 1 | 2 | 3 | 4 | 5 | 6 | | 7 | 8 | 9 | | 10 | + |
2nd Half: | 1 | 2 | 3 | 4 | 5 | 6 | | 7 | 8 | 9 | | 10 | + |
1 + 1   2 Shots

Time Outs: 60 Secs | 1 | 2 | 3 |
30 Secs | 1 | 2 |

No.	U	Player	Fouls					1st	2nd	3rd	4th
			1	2	3	4	5				
			1	2	3	4	5				
			1	2	3	4	5				
			1	2	3	4	5				
			1	2	3	4	5				
			1	2	3	4	5				
			1	2	3	4	5				
			1	2	3	4	5				
			1	2	3	4	5				
			1	2	3	4	5				
			1	2	3	4	5				
			1	2	3	4	5				

SCORING: 3 = 3 point goal 2 = 2 point goal • = FT Made ○ = FT missed

FINAL SCORE: _____ Quarter Total

Running Score
1	29	57
2	30	58
3	31	59
4	32	60
5	33	61
6	34	62
7	35	63
8	36	64
9	37	65
10	38	66
11	39	67
12	40	68
13	41	69
14	42	70
15	43	71
16	44	72
17	45	73
18	46	74
19	47	75
20	48	76
21	49	77
22	50	78
23	51	79
24	52	80
25	53	81
26	54	82
27	55	83
28	56	84

Alternating Possession | H | V | H | V | H | V | H | V | H | V | H | V | H | V | H | V | H | V | H | V | H | V | H | V |

Defensive Warning [ ][ ]

HOME _____

Uniform Color _____

Team Fouls:
1st Half: | 1 | 2 | 3 | 4 | 5 | 6 | | 7 | 8 | 9 | | 10 | + |
2nd Half: | 1 | 2 | 3 | 4 | 5 | 6 | | 7 | 8 | 9 | | 10 | + |
1 + 1   2 Shots

Time Outs: 60 Secs | 1 | 2 | 3 |
30 Secs | 1 | 2 |

No.	U	Player	Fouls					1st	2nd	3rd	4th
			1	2	3	4	5				
			1	2	3	4	5				
			1	2	3	4	5				
			1	2	3	4	5				
			1	2	3	4	5				
			1	2	3	4	5				
			1	2	3	4	5				
			1	2	3	4	5				
			1	2	3	4	5				
			1	2	3	4	5				
			1	2	3	4	5				
			1	2	3	4	5				

SCORING: 3 = 3 point goal 2 = 2 point goal • = FT Made ○ = FT missed

_____ Quarter Total

Running Score
1	29	57
2	30	58
3	31	59
4	32	60
5	33	61
6	34	62
7	35	63
8	36	64
9	37	65
10	38	66
11	39	67
12	40	68
13	41	69
14	42	70
15	43	71
16	44	72
17	45	73
18	46	74
19	47	75
20	48	76
21	49	77
22	50	78
23	51	79
24	52	80
25	53	81
26	54	82
27	55	83
28	56	84

BASKETBALL SCORE SHEET

Date	_____
Game Time	_____
Site	_____
Court #	_____
Referees	_____

Type
- ☐ Traditional
- ☐ Unified

Sex
- ☐ Men
- ☐ Women

Age Group
- ☐ Youth
- ☐ Junior
- ☐ Senior
- ☐ Master
- ☐ Senior Master

Division
- ☐ 1   ☐ 5
- ☐ 2   ☐ 6
- ☐ 3   ☐ 7
- ☐ 4   ☐ 8

VISITORS _____

Uniform Color _____

Team Fouls:
1st Half | 1 | 2 | 3 | 4 | 5 | 6 | | 7 | 8 | 9 | | 10 | + |
2nd Half | 1 | 2 | 3 | 4 | 5 | 6 | | 7 | 8 | 9 | | 10 | + |
1 + 1   2 Shots

Time Outs: 60 Secs | 1 | 2 | 3 |
30 Secs | 1 | 2 |

No.	U	Player	Fouls					SCORING: 3 = 3 point goal 2 = 2 point goal • = FT Made O = FT missed			
								1st	2nd	3rd	4th
			1	2	3	4	5				
			1	2	3	4	5				
			1	2	3	4	5				
			1	2	3	4	5				
			1	2	3	4	5				
			1	2	3	4	5				
			1	2	3	4	5				
			1	2	3	4	5				
			1	2	3	4	5				
			1	2	3	4	5				
			1	2	3	4	5				
			1	2	3	4	5				

FINAL SCORE: _____   Quarter Total

Running Score

1		29		57	
2		30		58	
3		31		59	
4		32		60	
5		33		61	
6		34		62	
7		35		63	
8		36		64	
9		37		65	
10		38		66	
11		39		67	
12		40		68	
13		41		69	
14		42		70	
15		43		71	
16		44		72	
17		45		73	
18		46		74	
19		47		75	
20		48		76	
21		49		77	
22		50		78	
23		51		79	
24		52		80	
25		53		81	
26		54		82	
27		55		83	
28		56		84	

Alternating Possession | H | V | H | V | H | V | H | V | H | V | H | V | H | V | H | V | H | V | H | V | H | V |

Defensive Warning ☐ ☐

HOME _____

Uniform Color _____

Team Fouls:
1st Half | 1 | 2 | 3 | 4 | 5 | 6 | | 7 | 8 | 9 | | 10 | + |
2nd Half | 1 | 2 | 3 | 4 | 5 | 6 | | 7 | 8 | 9 | | 10 | + |
1 + 1   2 Shots

Time Outs: 60 Secs | 1 | 2 | 3 |
30 Secs | 1 | 2 |

No.	U	Player	Fouls					SCORING: 3 = 3 point goal 2 = 2 point goal • = FT Made o = FT missed			
								1st	2nd	3rd	4th
			1	2	3	4	5				
			1	2	3	4	5				
			1	2	3	4	5				
			1	2	3	4	5				
			1	2	3	4	5				
			1	2	3	4	5				
			1	2	3	4	5				
			1	2	3	4	5				
			1	2	3	4	5				
			1	2	3	4	5				
			1	2	3	4	5				
			1	2	3	4	5				

_____   Quarter Total

Running Score

1		29		57	
2		30		58	
3		31		59	
4		32		60	
5		33		61	
6		34		62	
7		35		63	
8		36		64	
9		37		65	
10		38		66	
11		39		67	
12		40		68	
13		41		69	
14		42		70	
15		43		71	
16		44		72	
17		45		73	
18		46		74	
19		47		75	
20		48		76	
21		49		77	
22		50		78	
23		51		79	
24		52		80	
25		53		81	
26		54		82	
27		55		83	
28		56		84	

BASKETBALL SCORE SHEET

Date _____

Game Time _____

Site _____

Court # _____

Referees _____

Type
- [ ] Traditional
- [ ] Unified

Sex
- [ ] Men
- [ ] Women

Age Group
- [ ] Youth
- [ ] Junior
- [ ] Senior
- [ ] Master
- [ ] Senior Master

Division
- [ ] 1
- [ ] 2
- [ ] 3
- [ ] 4
- [ ] 5
- [ ] 6
- [ ] 7
- [ ] 8

VISITORS _____

Uniform Color _____

Team Fouls:

1st Half | 1 | 2 | 3 | 4 | 5 | 6 | 7 | 8 | 9 | 10 | +

2nd Half | 1 | 2 | 3 | 4 | 5 | 6 | 7 | 8 | 9 | 10 | +

1 + 1   2 Shots

Time Outs: 60 Secs | 1 | 2 | 3

30 Secs | 1 | 2

Running Score

1	29	57
2	30	58
3	31	59
4	32	60
5	33	61
6	34	62
7	35	63
8	36	64
9	37	65
10	38	66
11	39	67
12	40	68
13	41	69
14	42	70
15	43	71
16	44	72
17	45	73
18	46	74
19	47	75
20	48	76
21	49	77
22	50	78
23	51	79
24	52	80
25	53	81
26	54	82
27	55	83
28	56	84

SCORING: 3 = 3 point goal 2 = 2 point goal
● = FT Made   ○ = FT missed

No.	U	Player	Fouls					1st	2nd	3rd	4th
			1	2	3	4	5				
			1	2	3	4	5				
			1	2	3	4	5				
			1	2	3	4	5				
			1	2	3	4	5				
			1	2	3	4	5				
			1	2	3	4	5				
			1	2	3	4	5				
			1	2	3	4	5				
			1	2	3	4	5				
			1	2	3	4	5				
			1	2	3	4	5				

FINAL SCORE: _____   Quarter Total

Alternating Possession | H | V | H | V | H | V | H | V | H | V | H | V | H | V | H | V | H | V | H | V | H | V | H | V

Defensive Warning [ ][ ]

HOME _____

Uniform Color _____

Team Fouls:

1st Half | 1 | 2 | 3 | 4 | 5 | 6 | 7 | 8 | 9 | 10 | +

2nd Half | 1 | 2 | 3 | 4 | 5 | 6 | 7 | 8 | 9 | 10 | +

1 + 1   2 Shots

Time Outs: 60 Secs | 1 | 2 | 3

30 Secs | 1 | 2

Running Score

1	29	57
2	30	58
3	31	59
4	32	60
5	33	61
6	34	62
7	35	63
8	36	64
9	37	65
10	38	66
11	39	67
12	40	68
13	41	69
14	42	70
15	43	71
16	44	72
17	45	73
18	46	74
19	47	75
20	48	76
21	49	77
22	50	78
23	51	79
24	52	80
25	53	81
26	54	82
27	55	83
28	56	84

SCORING: 3 = 3 point goal 2 = 2 point goal
● = FT Made   ○ = FT missed

No.	U	Player	Fouls					1st	2nd	3rd	4th
			1	2	3	4	5				
			1	2	3	4	5				
			1	2	3	4	5				
			1	2	3	4	5				
			1	2	3	4	5				
			1	2	3	4	5				
			1	2	3	4	5				
			1	2	3	4	5				
			1	2	3	4	5				
			1	2	3	4	5				
			1	2	3	4	5				
			1	2	3	4	5				

_____   Quarter Total

BASKETBALL SCORE SHEET

Date	_____	**Type**		**Age Group**		**Division**			
Game Time	_____	☐	Traditional	☐	Youth	☐	1	☐	5
Site	_____	☐	Unified	☐	Junior	☐	2	☐	6
Court #	_____	**Sex**		☐	Senior	☐	3	☐	7
Referees	_____	☐	Men	☐	Master	☐	4	☐	8
		☐	Women	☐	Senior Master				

VISITORS _____

Uniform Color _____

Team Fouls:

1st Half: | 1 | 2 | 3 | 4 | 5 | 6 | | 7 | 8 | 9 | | 10 | + |

2nd Half: | 1 | 2 | 3 | 4 | 5 | 6 | | 7 | 8 | 9 | | 10 | + |

1 + 1   2 Shots

Time Outs: 60 Secs | 1 | 2 | 3 |

30 Secs | 1 | 2 |

No.	U	Player	Fouls					SCORING: 3 = 3 point goal 2 = 2 point goal ● = FT Made ○ = FT missed			
								1st	2nd	3rd	4th
			1	2	3	4	5				
			1	2	3	4	5				
			1	2	3	4	5				
			1	2	3	4	5				
			1	2	3	4	5				
			1	2	3	4	5				
			1	2	3	4	5				
			1	2	3	4	5				
			1	2	3	4	5				
			1	2	3	4	5				
			1	2	3	4	5				
			1	2	3	4	5				
FINAL SCORE: _____			Quarter Total								

Running Score

1	29	57
2	30	58
3	31	59
4	32	60
5	33	61
6	34	62
7	35	63
8	36	64
9	37	65
10	38	66
11	39	67
12	40	68
13	41	69
14	42	70
15	43	71
16	44	72
17	45	73
18	46	74
19	47	75
20	48	76
21	49	77
22	50	78
23	51	79
24	52	80
25	53	81
26	54	82
27	55	83
28	56	84

Alternating Possession: | H | V | H | V | H | V | H | V | H | V | H | V | H | V | H | V | H | V | H | V | H | V | H | V |

Defensive Warning | | |

HOME _____

Uniform Color _____

Team Fouls:

1st Half: | 1 | 2 | 3 | 4 | 5 | 6 | | 7 | 8 | 9 | | 10 | + |

2nd Half: | 1 | 2 | 3 | 4 | 5 | 6 | | 7 | 8 | 9 | | 10 | + |

1 + 1   2 Shots

Time Outs: 60 Secs | 1 | 2 | 3 |

30 Secs | 1 | 2 |

No.	U	Player	Fouls					SCORING: 3 = 3 point goal 2 = 2 point goal ● = FT Made ○ = FT missed			
								1st	2nd	3rd	4th
			1	2	3	4	5				
			1	2	3	4	5				
			1	2	3	4	5				
			1	2	3	4	5				
			1	2	3	4	5				
			1	2	3	4	5				
			1	2	3	4	5				
			1	2	3	4	5				
			1	2	3	4	5				
			1	2	3	4	5				
			1	2	3	4	5				
			1	2	3	4	5				
_____			Quarter Total								

Running Score

1	29	57
2	30	58
3	31	59
4	32	60
5	33	61
6	34	62
7	35	63
8	36	64
9	37	65
10	38	66
11	39	67
12	40	68
13	41	69
14	42	70
15	43	71
16	44	72
17	45	73
18	46	74
19	47	75
20	48	76
21	49	77
22	50	78
23	51	79
24	52	80
25	53	81
26	54	82
27	55	83
28	56	84

BASKETBALL SCORE SHEET

Date _____

Game Time _____

Site _____

Court # _____

Referees _____

Type
- ☐ Traditional
- ☐ Unified

Sex
- ☐ Men
- ☐ Women

Age Group
- ☐ Youth
- ☐ Junior
- ☐ Senior
- ☐ Master
- ☐ Senior Master

Division
- ☐ 1   ☐ 5
- ☐ 2   ☐ 6
- ☐ 3   ☐ 7
- ☐ 4   ☐ 8

VISITORS _____

Uniform Color _____

Team Fouls:

1st Half | 1 2 3 4 5 6 | 7 8 9 | 10 + |

2nd Half | 1 2 3 4 5 6 | 7 8 9 | 10 + |

1 + 1   2 Shots

Time Outs: 60 Secs | 1 2 3 |

30 Secs | 1 2 |

Running Score

1	29	57
2	30	58
3	31	59
4	32	60
5	33	61
6	34	62
7	35	63
8	36	64
9	37	65
10	38	66
11	39	67
12	40	68
13	41	69
14	42	70
15	43	71
16	44	72
17	45	73
18	46	74
19	47	75
20	48	76
21	49	77
22	50	78
23	51	79
24	52	80
25	53	81
26	54	82
27	55	83
28	56	84

No.	U	Player	Fouls					SCORING: 3 = 3 point goal 2 = 2 point goal ● = FT Made ○ = FT missed			
								1st	2nd	3rd	4th
			1	2	3	4	5				
			1	2	3	4	5				
			1	2	3	4	5				
			1	2	3	4	5				
			1	2	3	4	5				
			1	2	3	4	5				
			1	2	3	4	5				
			1	2	3	4	5				
			1	2	3	4	5				
			1	2	3	4	5				
			1	2	3	4	5				
			1	2	3	4	5				

FINAL SCORE: _____   Quarter Total

Alternating Possession | H | V | H | V | H | V | H | V | H | V | H | V | H | V | H | V | H | V | H | V | H | V | H | V |

Defensive Warning ☐ ☐

HOME _____

Uniform Color _____

Team Fouls:

1st Half | 1 2 3 4 5 6 | 7 8 9 | 10 + |

2nd Half | 1 2 3 4 5 6 | 7 8 9 | 10 + |

1 + 1   2 Shots

Time Outs: 60 Secs | 1 2 3 |

30 Secs | 1 2 |

Running Score

1	29	57
2	30	58
3	31	59
4	32	60
5	33	61
6	34	62
7	35	63
8	36	64
9	37	65
10	38	66
11	39	67
12	40	68
13	41	69
14	42	70
15	43	71
16	44	72
17	45	73
18	46	74
19	47	75
20	48	76
21	49	77
22	50	78
23	51	79
24	52	80
25	53	81
26	54	82
27	55	83
28	56	84

No.	U	Player	Fouls					SCORING: 3 = 3 point goal 2 = 2 point goal ● = FT Made ○ = FT missed			
								1st	2nd	3rd	4th
			1	2	3	4	5				
			1	2	3	4	5				
			1	2	3	4	5				
			1	2	3	4	5				
			1	2	3	4	5				
			1	2	3	4	5				
			1	2	3	4	5				
			1	2	3	4	5				
			1	2	3	4	5				
			1	2	3	4	5				
			1	2	3	4	5				
			1	2	3	4	5				

_____   Quarter Total

BASKETBALL SCORE SHEET

Date _____

Game Time _____

Site _____

Court # _____

Referees _____

Type
- ☐ Traditional
- ☐ Unified

Sex
- ☐ Men
- ☐ Women

Age Group
- ☐ Youth
- ☐ Junior
- ☐ Senior
- ☐ Master
- ☐ Senior Master

Division
- ☐ 1 ☐ 5
- ☐ 2 ☐ 6
- ☐ 3 ☐ 7
- ☐ 4 ☐ 8

VISITORS

VISITORS _____

Uniform Color _____

Team Fouls:

| 1st Half | 1 2 3 4 5 6 | 7 8 9 | 10 + |
| 2nd Half | 1 2 3 4 5 6 | 7 8 9 | 10 + |

1 + 1   2 Shots

Time Outs: 60 Secs | 1 2 3

30 Secs | 1 2

No.	U	Player	Fouls					SCORING: 3 = 3 point goal 2 = 2 point goal ● = FT Made O = FT missed			
								1st	2nd	3rd	4th
			1	2	3	4	5				
			1	2	3	4	5				
			1	2	3	4	5				
			1	2	3	4	5				
			1	2	3	4	5				
			1	2	3	4	5				
			1	2	3	4	5				
			1	2	3	4	5				
			1	2	3	4	5				
			1	2	3	4	5				
			1	2	3	4	5				
			1	2	3	4	5				

FINAL SCORE: _____   Quarter Total

Running Score (Visitors)

1	29	57
2	30	58
3	31	59
4	32	60
5	33	61
6	34	62
7	35	63
8	36	64
9	37	65
10	38	66
11	39	67
12	40	68
13	41	69
14	42	70
15	43	71
16	44	72
17	45	73
18	46	74
19	47	75
20	48	76
21	49	77
22	50	78
23	51	79
24	52	80
25	53	81
26	54	82
27	55	83
28	56	84

Alternating Possession H V H V H V H V H V H V H V H V H V H V H V H V H V

Defensive Warning ☐ ☐

HOME

HOME _____

Uniform Color _____

Team Fouls:

| 1st Half | 1 2 3 4 5 6 | 7 8 9 | 10 + |
| 2nd Half | 1 2 3 4 5 6 | 7 8 9 | 10 + |

1 + 1   2 Shots

Time Outs: 60 Secs | 1 2 3

30 Secs | 1 2

No.	U	Player	Fouls					SCORING: 3 = 3 point goal 2 = 2 point goal ● = FT Made o = FT missed			
								1st	2nd	3rd	4th
			1	2	3	4	5				
			1	2	3	4	5				
			1	2	3	4	5				
			1	2	3	4	5				
			1	2	3	4	5				
			1	2	3	4	5				
			1	2	3	4	5				
			1	2	3	4	5				
			1	2	3	4	5				
			1	2	3	4	5				
			1	2	3	4	5				
			1	2	3	4	5				

_____   Quarter Total

Running Score (Home)

1	29	57
2	30	58
3	31	59
4	32	60
5	33	61
6	34	62
7	35	63
8	36	64
9	37	65
10	38	66
11	39	67
12	40	68
13	41	69
14	42	70
15	43	71
16	44	72
17	45	73
18	46	74
19	47	75
20	48	76
21	49	77
22	50	78
23	51	79
24	52	80
25	53	81
26	54	82
27	55	83
28	56	84

BASKETBALL SCORE SHEET

Date _____

Game Time _____

Site _____

Court # _____

Referees _____

Type
- ☐ Traditional
- ☐ Unified

Sex
- ☐ Men
- ☐ Women

Age Group
- ☐ Youth
- ☐ Junior
- ☐ Senior
- ☐ Master
- ☐ Senior Master

Division
- ☐ 1
- ☐ 2
- ☐ 3
- ☐ 4
- ☐ 5
- ☐ 6
- ☐ 7
- ☐ 8

VISITORS _____

Uniform Color _____

Team Fouls:

1st Half | 1 | 2 | 3 | 4 | 5 | 6 | | 7 | 8 | 9 | | 10 | + |

2nd Half | 1 | 2 | 3 | 4 | 5 | 6 | | 7 | 8 | 9 | | 10 | + |

1 + 1   2 Shots

Time Outs: 60 Secs | 1 | 2 | 3 |

30 Secs | 1 | 2 |

No.	U	Player	Fouls					SCORING: 3 = 3 point goal 2 = 2 point goal • = FT Made o = FT missed			
								1st	2nd	3rd	4th
			1	2	3	4	5				
			1	2	3	4	5				
			1	2	3	4	5				
			1	2	3	4	5				
			1	2	3	4	5				
			1	2	3	4	5				
			1	2	3	4	5				
			1	2	3	4	5				
			1	2	3	4	5				
			1	2	3	4	5				
			1	2	3	4	5				
			1	2	3	4	5				

FINAL SCORE: _____   Quarter Total

Running Score

1	29	57
2	30	58
3	31	59
4	32	60
5	33	61
6	34	62
7	35	63
8	36	64
9	37	65
10	38	66
11	39	67
12	40	68
13	41	69
14	42	70
15	43	71
16	44	72
17	45	73
18	46	74
19	47	75
20	48	76
21	49	77
22	50	78
23	51	79
24	52	80
25	53	81
26	54	82
27	55	83
28	56	84

Alternating Possession | H | V | H | V | H | V | H | V | H | V | H | V | H | V | H | V | H | V | H | V | H | V | H | V |

Defensive Warning | | |

HOME _____

Uniform Color _____

Team Fouls:

1st Half | 1 | 2 | 3 | 4 | 5 | 6 | | 7 | 8 | 9 | | 10 | + |

2nd Half | 1 | 2 | 3 | 4 | 5 | 6 | | 7 | 8 | 9 | | 10 | + |

1 + 1   2 Shots

Time Outs: 60 Secs | 1 | 2 | 3 |

30 Secs | 1 | 2 |

No.	U	Player	Fouls					SCORING: 3 = 3 point goal 2 = 2 point goal • = FT Made o = FT missed			
								1st	2nd	3rd	4th
			1	2	3	4	5				
			1	2	3	4	5				
			1	2	3	4	5				
			1	2	3	4	5				
			1	2	3	4	5				
			1	2	3	4	5				
			1	2	3	4	5				
			1	2	3	4	5				
			1	2	3	4	5				
			1	2	3	4	5				
			1	2	3	4	5				
			1	2	3	4	5				

_____   Quarter Total

Running Score

1	29	57
2	30	58
3	31	59
4	32	60
5	33	61
6	34	62
7	35	63
8	36	64
9	37	65
10	38	66
11	39	67
12	40	68
13	41	69
14	42	70
15	43	71
16	44	72
17	45	73
18	46	74
19	47	75
20	48	76
21	49	77
22	50	78
23	51	79
24	52	80
25	53	81
26	54	82
27	55	83
28	56	84

BASKETBALL SCORE SHEET

Date _____

Game Time _____

Site _____

Court # _____

Referees _____

Type
- ☐ Traditional
- ☐ Unified

Sex
- ☐ Men
- ☐ Women

Age Group
- ☐ Youth
- ☐ Junior
- ☐ Senior
- ☐ Master
- ☐ Senior Master

Division
- ☐ 1   ☐ 5
- ☐ 2   ☐ 6
- ☐ 3   ☐ 7
- ☐ 4   ☐ 8

VISITORS

VISITORS _____

Uniform Color _____

Team Fouls:

1st Half: | 1 | 2 | 3 | 4 | 5 | 6 | | 7 | 8 | 9 | | 10 | + |

2nd Half: | 1 | 2 | 3 | 4 | 5 | 6 | | 7 | 8 | 9 | | 10 | + |

1 + 1   2 Shots

Time Outs: 60 Secs | 1 | 2 | 3 |

30 Secs | 1 | 2 |

No.	U	Player	Fouls					SCORING: 3 = 3 point goal 2 = 2 point goal • = FT Made ○ = FT missed			
								1st	2nd	3rd	4th
			1	2	3	4	5				
			1	2	3	4	5				
			1	2	3	4	5				
			1	2	3	4	5				
			1	2	3	4	5				
			1	2	3	4	5				
			1	2	3	4	5				
			1	2	3	4	5				
			1	2	3	4	5				
			1	2	3	4	5				
			1	2	3	4	5				
			1	2	3	4	5				

FINAL SCORE: _____   Quarter Total

Running Score

1	29	57
2	30	58
3	31	59
4	32	60
5	33	61
6	34	62
7	35	63
8	36	64
9	37	65
10	38	66
11	39	67
12	40	68
13	41	69
14	42	70
15	43	71
16	44	72
17	45	73
18	46	74
19	47	75
20	48	76
21	49	77
22	50	78
23	51	79
24	52	80
25	53	81
26	54	82
27	55	83
28	56	84

Alternating Possession

| H | V | H | V | H | V | H | V | H | V | H | V | H | V | H | V | H | V | H | V | H | V | H | V |

Defensive Warning | | |

HOME

HOME _____

Uniform Color _____

Team Fouls:

1st Half: | 1 | 2 | 3 | 4 | 5 | 6 | | 7 | 8 | 9 | | 10 | + |

2nd Half: | 1 | 2 | 3 | 4 | 5 | 6 | | 7 | 8 | 9 | | 10 | + |

1 + 1   2 Shots

Time Outs: 60 Secs | 1 | 2 | 3 |

30 Secs | 1 | 2 |

No.	U	Player	Fouls					SCORING: 3 = 3 point goal 2 = 2 point goal • = FT Made ○ = FT missed			
								1st	2nd	3rd	4th
			1	2	3	4	5				
			1	2	3	4	5				
			1	2	3	4	5				
			1	2	3	4	5				
			1	2	3	4	5				
			1	2	3	4	5				
			1	2	3	4	5				
			1	2	3	4	5				
			1	2	3	4	5				
			1	2	3	4	5				
			1	2	3	4	5				
			1	2	3	4	5				

_____   Quarter Total

Running Score

1	29	57
2	30	58
3	31	59
4	32	60
5	33	61
6	34	62
7	35	63
8	36	64
9	37	65
10	38	66
11	39	67
12	40	68
13	41	69
14	42	70
15	43	71
16	44	72
17	45	73
18	46	74
19	47	75
20	48	76
21	49	77
22	50	78
23	51	79
24	52	80
25	53	81
26	54	82
27	55	83
28	56	84

BASKETBALL SCORE SHEET

		Type		Age Group		Division				
Date _____		☐	Traditional	☐	Youth	☐	1	☐	5	
Game Time _____		☐	Unified	☐	Junior	☐	2	☐	6	
Site _____		**Sex**		☐	Senior	☐	3	☐	7	
Court # _____		☐	Men	☐	Master	☐	4	☐	8	
Referees _____		☐	Women	☐	Senior Master					

VISITORS

VISITORS _____

Uniform Color _____

Team Fouls:

1st Half | 1 | 2 | 3 | 4 | 5 | 6 | | 7 | 8 | 9 | | 10 | + |

2nd Half | 1 | 2 | 3 | 4 | 5 | 6 | | 7 | 8 | 9 | | 10 | + |

1 + 1   2 Shots

Time Outs: 60 Secs | 1 | 2 | 3 |

30 Secs | 1 | 2 |

No.	U	Player	Fouls					SCORING: 3 = 3 point goal 2 = 2 point goal • = FT Made O = FT missed			
								1st	2nd	3rd	4th
			1	2	3	4	5				
			1	2	3	4	5				
			1	2	3	4	5				
			1	2	3	4	5				
			1	2	3	4	5				
			1	2	3	4	5				
			1	2	3	4	5				
			1	2	3	4	5				
			1	2	3	4	5				
			1	2	3	4	5				
			1	2	3	4	5				

FINAL SCORE: _____   Quarter Total

Running Score

1	29	57
2	30	58
3	31	59
4	32	60
5	33	61
6	34	62
7	35	63
8	36	64
9	37	65
10	38	66
11	39	67
12	40	68
13	41	69
14	42	70
15	43	71
16	44	72
17	45	73
18	46	74
19	47	75
20	48	76
21	49	77
22	50	78
23	51	79
24	52	80
25	53	81
26	54	82
27	55	83
28	56	84

Alternating Possession | H | V | H | V | H | V | H | V | H | V | H | V | H | V | H | V | H | V | H | V | H | V | H | V | H | V |

Defensive Warning | | |

HOME

HOME _____

Uniform Color _____

Team Fouls:

1st Half | 1 | 2 | 3 | 4 | 5 | 6 | | 7 | 8 | 9 | | 10 | + |

2nd Half | 1 | 2 | 3 | 4 | 5 | 6 | | 7 | 8 | 9 | | 10 | + |

1 + 1   2 Shots

Time Outs: 60 Secs | 1 | 2 | 3 |

30 Secs | 1 | 2 |

No.	U	Player	Fouls					SCORING: 3 = 3 point goal 2 = 2 point goal • = FT Made o = FT missed			
								1st	2nd	3rd	4th
			1	2	3	4	5				
			1	2	3	4	5				
			1	2	3	4	5				
			1	2	3	4	5				
			1	2	3	4	5				
			1	2	3	4	5				
			1	2	3	4	5				
			1	2	3	4	5				
			1	2	3	4	5				
			1	2	3	4	5				
			1	2	3	4	5				

_____   Quarter Total

Running Score

1	29	57
2	30	58
3	31	59
4	32	60
5	33	61
6	34	62
7	35	63
8	36	64
9	37	65
10	38	66
11	39	67
12	40	68
13	41	69
14	42	70
15	43	71
16	44	72
17	45	73
18	46	74
19	47	75
20	48	76
21	49	77
22	50	78
23	51	79
24	52	80
25	53	81
26	54	82
27	55	83
28	56	84

BASKETBALL SCORE SHEET

Date _____

Game Time _____

Site _____

Court # _____

Referees _____

Type
- ☐ Traditional
- ☐ Unified

Sex
- ☐ Men
- ☐ Women

Age Group
- ☐ Youth
- ☐ Junior
- ☐ Senior
- ☐ Master
- ☐ Senior Master

Division
- ☐ 1   ☐ 5
- ☐ 2   ☐ 6
- ☐ 3   ☐ 7
- ☐ 4   ☐ 8

VISITORS _____

Uniform Color _____

Team Fouls:

1st Half: | 1 | 2 | 3 | 4 | 5 | 6 | | 7 | 8 | 9 | | 10 | + |

2nd Half: | 1 | 2 | 3 | 4 | 5 | 6 | | 7 | 8 | 9 | | 10 | + |

1 + 1   2 Shots

Time Outs: 60 Secs | 1 | 2 | 3 |

30 Secs | 1 | 2 |

No.	U	Player	Fouls					SCORING: 3 = 3 point goal 2 = 2 point goal ● = FT Made O = FT missed			
								1st	2nd	3rd	4th
			1	2	3	4	5				
			1	2	3	4	5				
			1	2	3	4	5				
			1	2	3	4	5				
			1	2	3	4	5				
			1	2	3	4	5				
			1	2	3	4	5				
			1	2	3	4	5				
			1	2	3	4	5				
			1	2	3	4	5				
			1	2	3	4	5				
			1	2	3	4	5				
			1	2	3	4	5				

FINAL SCORE: _____   Quarter Total

Running Score

1		29		57
2		30		58
3		31		59
4		32		60
5		33		61
6		34		62
7		35		63
8		36		64
9		37		65
10		38		66
11		39		67
12		40		68
13		41		69
14		42		70
15		43		71
16		44		72
17		45		73
18		46		74
19		47		75
20		48		76
21		49		77
22		50		78
23		51		79
24		52		80
25		53		81
26		54		82
27		55		83
28		56		84

Alternating Possession | H | V | H | V | H | V | H | V | H | V | H | V | H | V | H | V | H | V | H | V | H | V |

Defensive Warning ☐ ☐

HOME _____

Uniform Color _____

Team Fouls:

1st Half: | 1 | 2 | 3 | 4 | 5 | 6 | | 7 | 8 | 9 | | 10 | + |

2nd Half: | 1 | 2 | 3 | 4 | 5 | 6 | | 7 | 8 | 9 | | 10 | + |

1 + 1   2 Shots

Time Outs: 60 Secs | 1 | 2 | 3 |

30 Secs | 1 | 2 |

No.	U	Player	Fouls					SCORING: 3 = 3 point goal 2 = 2 point goal ● = FT Made o = FT missed			
								1st	2nd	3rd	4th
			1	2	3	4	5				
			1	2	3	4	5				
			1	2	3	4	5				
			1	2	3	4	5				
			1	2	3	4	5				
			1	2	3	4	5				
			1	2	3	4	5				
			1	2	3	4	5				
			1	2	3	4	5				
			1	2	3	4	5				
			1	2	3	4	5				
			1	2	3	4	5				

_____   Quarter Total

Running Score

1		29		57
2		30		58
3		31		59
4		32		60
5		33		61
6		34		62
7		35		63
8		36		64
9		37		65
10		38		66
11		39		67
12		40		68
13		41		69
14		42		70
15		43		71
16		44		72
17		45		73
18		46		74
19		47		75
20		48		76
21		49		77
22		50		78
23		51		79
24		52		80
25		53		81
26		54		82
27		55		83
28		56		84

BASKETBALL SCORE SHEET

Date _____	**Type**
Game Time _____	
Site _____	
Court # _____	**Sex**
Referees _____	

Type
- ☐ Traditional
- ☐ Unified

Sex
- ☐ Men
- ☐ Women

Age Group
- ☐ Youth
- ☐ Junior
- ☐ Senior
- ☐ Master
- ☐ Senior Master

Division
- ☐ 1   ☐ 5
- ☐ 2   ☐ 6
- ☐ 3   ☐ 7
- ☐ 4   ☐ 8

VISITORS _____   **Uniform Color** _____

Team Fouls:

1st Half: | 1 | 2 | 3 | 4 | 5 | 6 | | 7 | 8 | 9 | | 10 | + |

2nd Half: | 1 | 2 | 3 | 4 | 5 | 6 | | 7 | 8 | 9 | | 10 | + |

1 + 1   2 Shots

Time Outs: 60 Secs | 1 | 2 | 3 |

30 Secs | 1 | 2 |

No.	U	Player	Fouls					SCORING: 3 = 3 point goal 2 = 2 point goal ● = FT Made O = FT missed			
								1st	2nd	3rd	4th
			1	2	3	4	5				
			1	2	3	4	5				
			1	2	3	4	5				
			1	2	3	4	5				
			1	2	3	4	5				
			1	2	3	4	5				
			1	2	3	4	5				
			1	2	3	4	5				
			1	2	3	4	5				
			1	2	3	4	5				
			1	2	3	4	5				
			1	2	3	4	5				

FINAL SCORE: _____   Quarter Total

Running Score

1	29	57
2	30	58
3	31	59
4	32	60
5	33	61
6	34	62
7	35	63
8	36	64
9	37	65
10	38	66
11	39	67
12	40	68
13	41	69
14	42	70
15	43	71
16	44	72
17	45	73
18	46	74
19	47	75
20	48	76
21	49	77
22	50	78
23	51	79
24	52	80
25	53	81
26	54	82
27	55	83
28	56	84

Alternating Possession: | H | V | H | V | H | V | H | V | H | V | H | V | H | V | H | V | H | V | H | V | H | V | H | V |

Defensive Warning ☐ ☐

HOME _____   **Uniform Color** _____

Team Fouls:

1st Half: | 1 | 2 | 3 | 4 | 5 | 6 | | 7 | 8 | 9 | | 10 | + |

2nd Half: | 1 | 2 | 3 | 4 | 5 | 6 | | 7 | 8 | 9 | | 10 | + |

1 + 1   2 Shots

Time Outs: 60 Secs | 1 | 2 | 3 |

30 Secs | 1 | 2 |

No.	U	Player	Fouls					SCORING: 3 = 3 point goal 2 = 2 point goal ● = FT Made o = FT missed			
								1st	2nd	3rd	4th
			1	2	3	4	5				
			1	2	3	4	5				
			1	2	3	4	5				
			1	2	3	4	5				
			1	2	3	4	5				
			1	2	3	4	5				
			1	2	3	4	5				
			1	2	3	4	5				
			1	2	3	4	5				
			1	2	3	4	5				
			1	2	3	4	5				
			1	2	3	4	5				

_____   Quarter Total

Running Score

1	29	57
2	30	58
3	31	59
4	32	60
5	33	61
6	34	62
7	35	63
8	36	64
9	37	65
10	38	66
11	39	67
12	40	68
13	41	69
14	42	70
15	43	71
16	44	72
17	45	73
18	46	74
19	47	75
20	48	76
21	49	77
22	50	78
23	51	79
24	52	80
25	53	81
26	54	82
27	55	83
28	56	84

BASKETBALL SCORE SHEET

Date _____

Game Time _____

Site _____

Court # _____

Referees _____

Type
- ☐ Traditional
- ☐ Unified

Sex
- ☐ Men
- ☐ Women

Age Group
- ☐ Youth
- ☐ Junior
- ☐ Senior
- ☐ Master
- ☐ Senior Master

Division
- ☐ 1 ☐ 5
- ☐ 2 ☐ 6
- ☐ 3 ☐ 7
- ☐ 4 ☐ 8

VISITORS _____

Uniform Color _____

Team Fouls:

1st Half | 1 2 3 4 5 6 | 7 8 9 | 10 +

2nd Half | 1 2 3 4 5 6 | 7 8 9 | 10 +

1 + 1   2 Shots

Time Outs: 60 Secs | 1 2 3

30 Secs | 1 2

No.	U	Player	Fouls					SCORING: 3 = 3 point goal 2 = 2 point goal ● = FT Made O = FT missed			
								1st	2nd	3rd	4th
			1	2	3	4	5				
			1	2	3	4	5				
			1	2	3	4	5				
			1	2	3	4	5				
			1	2	3	4	5				
			1	2	3	4	5				
			1	2	3	4	5				
			1	2	3	4	5				
			1	2	3	4	5				
			1	2	3	4	5				
			1	2	3	4	5				
			1	2	3	4	5				

FINAL SCORE: _____ Quarter Total

Running Score

1	29	57
2	30	58
3	31	59
4	32	60
5	33	61
6	34	62
7	35	63
8	36	64
9	37	65
10	38	66
11	39	67
12	40	68
13	41	69
14	42	70
15	43	71
16	44	72
17	45	73
18	46	74
19	47	75
20	48	76
21	49	77
22	50	78
23	51	79
24	52	80
25	53	81
26	54	82
27	55	83
28	56	84

Alternating Possession | H V H V H V H V H V H V H V H V H V H V H V H V

Defensive Warning ☐ ☐

HOME _____

Uniform Color _____

Team Fouls:

1st Half | 1 2 3 4 5 6 | 7 8 9 | 10 +

2nd Half | 1 2 3 4 5 6 | 7 8 9 | 10 +

1 + 1   2 Shots

Time Outs: 60 Secs | 1 2 3

30 Secs | 1 2

No.	U	Player	Fouls					SCORING: 3 = 3 point goal 2 = 2 point goal ● = FT Made o = FT missed			
								1st	2nd	3rd	4th
			1	2	3	4	5				
			1	2	3	4	5				
			1	2	3	4	5				
			1	2	3	4	5				
			1	2	3	4	5				
			1	2	3	4	5				
			1	2	3	4	5				
			1	2	3	4	5				
			1	2	3	4	5				
			1	2	3	4	5				
			1	2	3	4	5				
			1	2	3	4	5				

_____ Quarter Total

Running Score

1	29	57
2	30	58
3	31	59
4	32	60
5	33	61
6	34	62
7	35	63
8	36	64
9	37	65
10	38	66
11	39	67
12	40	68
13	41	69
14	42	70
15	43	71
16	44	72
17	45	73
18	46	74
19	47	75
20	48	76
21	49	77
22	50	78
23	51	79
24	52	80
25	53	81
26	54	82
27	55	83
28	56	84

BASKETBALL SCORE SHEET

		Type	Age Group	Division
Date	_____	☐ Traditional	☐ Youth	☐ 1 ☐ 5
Game Time	_____	☐ Unified	☐ Junior	☐ 2 ☐ 6
Site	_____	**Sex**	☐ Senior	☐ 3 ☐ 7
Court #	_____	☐ Men	☐ Master	☐ 4 ☐ 8
Referees	_____	☐ Women	☐ Senior Master	

VISITORS _____

Uniform Color _____

Team Fouls: 1st Half [1] [2] [3] [4] [5] [6]   [7] [8] [9]   [10] [+]   Time Outs: 60 Secs [1] [2] [3]

2nd Half [1] [2] [3] [4] [5] [6]   [7] [8] [9]   [10] [+]   30 Secs [1] [2]

1 + 1   2 Shots

SCORING: 3 = 3 point goal 2 = 2 point goal   • = FT Made   O = FT missed

No.	U	Player	Fouls					1st	2nd	3rd	4th
			1	2	3	4	5				
			1	2	3	4	5				
			1	2	3	4	5				
			1	2	3	4	5				
			1	2	3	4	5				
			1	2	3	4	5				
			1	2	3	4	5				
			1	2	3	4	5				
			1	2	3	4	5				
			1	2	3	4	5				
			1	2	3	4	5				
			1	2	3	4	5				

FINAL SCORE: _____   Quarter Total

Running Score

1	29	57
2	30	58
3	31	59
4	32	60
5	33	61
6	34	62
7	35	63
8	36	64
9	37	65
10	38	66
11	39	67
12	40	68
13	41	69
14	42	70
15	43	71
16	44	72
17	45	73
18	46	74
19	47	75
20	48	76
21	49	77
22	50	78
23	51	79
24	52	80
25	53	81
26	54	82
27	55	83
28	56	84

Alternating Possession   H V H V H V H V H V H V H V H V H V H V H V H V

Defensive Warning [ ] [ ]

HOME _____

Uniform Color _____

Team Fouls: 1st Half [1] [2] [3] [4] [5] [6]   [7] [8] [9]   [10] [+]   Time Outs: 60 Secs [1] [2] [3]

2nd Half [1] [2] [3] [4] [5] [6]   [7] [8] [9]   [10] [+]   30 Secs [1] [2]

1 + 1   2 Shots

SCORING: 3 = 3 point goal 2 = 2 point goal   • = FT Made   o = FT missed

No.	U	Player	Fouls					1st	2nd	3rd	4th
			1	2	3	4	5				
			1	2	3	4	5				
			1	2	3	4	5				
			1	2	3	4	5				
			1	2	3	4	5				
			1	2	3	4	5				
			1	2	3	4	5				
			1	2	3	4	5				
			1	2	3	4	5				
			1	2	3	4	5				
			1	2	3	4	5				
			1	2	3	4	5				

_____   Quarter Total

Running Score

1	29	57
2	30	58
3	31	59
4	32	60
5	33	61
6	34	62
7	35	63
8	36	64
9	37	65
10	38	66
11	39	67
12	40	68
13	41	69
14	42	70
15	43	71
16	44	72
17	45	73
18	46	74
19	47	75
20	48	76
21	49	77
22	50	78
23	51	79
24	52	80
25	53	81
26	54	82
27	55	83
28	56	84

BASKETBALL SCORE SHEET

		Type	Age Group	Division
Date	_____	☐ Traditional	☐ Youth	☐ 1 ☐ 5
Game Time	_____	☐ Unified	☐ Junior	☐ 2 ☐ 6
Site	_____	**Sex**	☐ Senior	☐ 3 ☐ 7
Court #	_____	☐ Men	☐ Master	☐ 4 ☐ 8
Referees	_____	☐ Women	☐ Senior Master	

VISITORS

Uniform Color _____

Team Fouls:

1st Half: | 1 | 2 | 3 | 4 | 5 | 6 | 7 | 8 | 9 | 10 | + |

2nd Half: | 1 | 2 | 3 | 4 | 5 | 6 | 7 | 8 | 9 | 10 | + |

1 + 1   2 Shots

Time Outs: 60 Secs | 1 | 2 | 3 |

30 Secs | 1 | 2 |

SCORING: 3 = 3 point goal 2 = 2 point goal   ● = FT Made   ○ = FT missed

No.	U	Player	Fouls					1st	2nd	3rd	4th
			1	2	3	4	5				
			1	2	3	4	5				
			1	2	3	4	5				
			1	2	3	4	5				
			1	2	3	4	5				
			1	2	3	4	5				
			1	2	3	4	5				
			1	2	3	4	5				
			1	2	3	4	5				
			1	2	3	4	5				
			1	2	3	4	5				
			1	2	3	4	5				

FINAL SCORE: _____   Quarter Total

Running Score (Visitors)

1	29	57	15	43	71
2	30	58	16	44	72
3	31	59	17	45	73
4	32	60	18	46	74
5	33	61	19	47	75
6	34	62	20	48	76
7	35	63	21	49	77
8	36	64	22	50	78
9	37	65	23	51	79
10	38	66	24	52	80
11	39	67	25	53	81
12	40	68	26	54	82
13	41	69	27	55	83
14	42	70	28	56	84

Alternating Possession: H V H V H V H V H V H V H V H V H V H V H V H V

Defensive Warning ☐☐

HOME

Uniform Color _____

Team Fouls:

1st Half: | 1 | 2 | 3 | 4 | 5 | 6 | 7 | 8 | 9 | 10 | + |

2nd Half: | 1 | 2 | 3 | 4 | 5 | 6 | 7 | 8 | 9 | 10 | + |

1 + 1   2 Shots

Time Outs: 60 Secs | 1 | 2 | 3 |

30 Secs | 1 | 2 |

SCORING: 3 = 3 point goal 2 = 2 point goal   ● = FT Made   ○ = FT missed

No.	U	Player	Fouls					1st	2nd	3rd	4th
			1	2	3	4	5				
			1	2	3	4	5				
			1	2	3	4	5				
			1	2	3	4	5				
			1	2	3	4	5				
			1	2	3	4	5				
			1	2	3	4	5				
			1	2	3	4	5				
			1	2	3	4	5				
			1	2	3	4	5				
			1	2	3	4	5				
			1	2	3	4	5				

_____   Quarter Total

Running Score (Home)

1	29	57	15	43	71
2	30	58	16	44	72
3	31	59	17	45	73
4	32	60	18	46	74
5	33	61	19	47	75
6	34	62	20	48	76
7	35	63	21	49	77
8	36	64	22	50	78
9	37	65	23	51	79
10	38	66	24	52	80
11	39	67	25	53	81
12	40	68	26	54	82
13	41	69	27	55	83
14	42	70	28	56	84

BASKETBALL SCORE SHEET

Date _____

Game Time _____

Site _____

Court # _____

Referees _____

Type
- ☐ Traditional
- ☐ Unified

Sex
- ☐ Men
- ☐ Women

Age Group
- ☐ Youth
- ☐ Junior
- ☐ Senior
- ☐ Master
- ☐ Senior Master

Division
- ☐ 1   ☐ 5
- ☐ 2   ☐ 6
- ☐ 3   ☐ 7
- ☐ 4   ☐ 8

VISITORS _____

Uniform Color _____

Team Fouls:

1st Half | 1 2 3 4 5 6 | 7 8 9 | 10 +

2nd Half | 1 2 3 4 5 6 | 7 8 9 | 10 +

1 + 1 | 2 Shots

Time Outs: 60 Secs | 1 2 3

30 Secs | 1 2

No.	U	Player	Fouls					SCORING: 3 = 3 point goal 2 = 2 point goal ● = FT Made O = FT missed			
								1st	2nd	3rd	4th
			1	2	3	4	5				
			1	2	3	4	5				
			1	2	3	4	5				
			1	2	3	4	5				
			1	2	3	4	5				
			1	2	3	4	5				
			1	2	3	4	5				
			1	2	3	4	5				
			1	2	3	4	5				
			1	2	3	4	5				
			1	2	3	4	5				
			1	2	3	4	5				

FINAL SCORE: _____   Quarter Total

Running Score

1	29	57
2	30	58
3	31	59
4	32	60
5	33	61
6	34	62
7	35	63
8	36	64
9	37	65
10	38	66
11	39	67
12	40	68
13	41	69
14	42	70
15	43	71
16	44	72
17	45	73
18	46	74
19	47	75
20	48	76
21	49	77
22	50	78
23	51	79
24	52	80
25	53	81
26	54	82
27	55	83
28	56	84

Alternating Possession | H V H V H V H V H V H V H V H V H V H V H V H V H V H V

Defensive Warning ☐ ☐

HOME _____

Uniform Color _____

Team Fouls:

1st Half | 1 2 3 4 5 6 | 7 8 9 | 10 +

2nd Half | 1 2 3 4 5 6 | 7 8 9 | 10 +

1 + 1 | 2 Shots

Time Outs: 60 Secs | 1 2 3

30 Secs | 1 2

No.	U	Player	Fouls					SCORING: 3 = 3 point goal 2 = 2 point goal ● = FT Made o = FT missed			
								1st	2nd	3rd	4th
			1	2	3	4	5				
			1	2	3	4	5				
			1	2	3	4	5				
			1	2	3	4	5				
			1	2	3	4	5				
			1	2	3	4	5				
			1	2	3	4	5				
			1	2	3	4	5				
			1	2	3	4	5				
			1	2	3	4	5				
			1	2	3	4	5				
			1	2	3	4	5				

_____   Quarter Total

Running Score

1	29	57
2	30	58
3	31	59
4	32	60
5	33	61
6	34	62
7	35	63
8	36	64
9	37	65
10	38	66
11	39	67
12	40	68
13	41	69
14	42	70
15	43	71
16	44	72
17	45	73
18	46	74
19	47	75
20	48	76
21	49	77
22	50	78
23	51	79
24	52	80
25	53	81
26	54	82
27	55	83
28	56	84

BASKETBALL SCORE SHEET

Type	Age Group	Division

Date _____

Game Time _____

Site _____

Court # _____

Referees _____

Type
☐ Traditional
☐ Unified

Sex
☐ Men
☐ Women

Age Group
☐ Youth
☐ Junior
☐ Senior
☐ Master
☐ Senior Master

Division
☐ 1   ☐ 5
☐ 2   ☐ 6
☐ 3   ☐ 7
☐ 4   ☐ 8

VISITORS _____

Uniform Color _____

Team Fouls: 1st Half | 1 2 3 4 5 6 | 7 8 9 | 10 + |

2nd Half | 1 2 3 4 5 6 | 7 8 9 | 10 + |

1 + 1   2 Shots

Time Outs: 60 Secs | 1 2 3 |

30 Secs | 1 2 |

No.	U	Player	Fouls					SCORING: 3 = 3 point goal 2 = 2 point goal ● = FT Made ○ = FT missed			
								1st	2nd	3rd	4th
			1	2	3	4	5				
			1	2	3	4	5				
			1	2	3	4	5				
			1	2	3	4	5				
			1	2	3	4	5				
			1	2	3	4	5				
			1	2	3	4	5				
			1	2	3	4	5				
			1	2	3	4	5				
			1	2	3	4	5				
			1	2	3	4	5				
			1	2	3	4	5				

FINAL SCORE: _____

Quarter Total

Running Score

1	29	57
2	30	58
3	31	59
4	32	60
5	33	61
6	34	62
7	35	63
8	36	64
9	37	65
10	38	66
11	39	67
12	40	68
13	41	69
14	42	70
15	43	71
16	44	72
17	45	73
18	46	74
19	47	75
20	48	76
21	49	77
22	50	78
23	51	79
24	52	80
25	53	81
26	54	82
27	55	83
28	56	84

Alternating Possession | H V H V H V H V H V H V H V H V H V H V H V H V |

Defensive Warning ☐☐

HOME _____

Uniform Color _____

Team Fouls: 1st Half | 1 2 3 4 5 6 | 7 8 9 | 10 + |

2nd Half | 1 2 3 4 5 6 | 7 8 9 | 10 + |

1 + 1   2 Shots

Time Outs: 60 Secs | 1 2 3 |

30 Secs | 1 2 |

No.	U	Player	Fouls					SCORING: 3 = 3 point goal 2 = 2 point goal ● = FT Made ○ = FT missed			
								1st	2nd	3rd	4th
			1	2	3	4	5				
			1	2	3	4	5				
			1	2	3	4	5				
			1	2	3	4	5				
			1	2	3	4	5				
			1	2	3	4	5				
			1	2	3	4	5				
			1	2	3	4	5				
			1	2	3	4	5				
			1	2	3	4	5				
			1	2	3	4	5				
			1	2	3	4	5				

_____

Quarter Total

Running Score

1	29	57
2	30	58
3	31	59
4	32	60
5	33	61
6	34	62
7	35	63
8	36	64
9	37	65
10	38	66
11	39	67
12	40	68
13	41	69
14	42	70
15	43	71
16	44	72
17	45	73
18	46	74
19	47	75
20	48	76
21	49	77
22	50	78
23	51	79
24	52	80
25	53	81
26	54	82
27	55	83
28	56	84

BASKETBALL SCORE SHEET

Date _____	
Game Time _____	
Site _____	
Court # _____	
Referees _____	

Type
- ☐ Traditional
- ☐ Unified

Sex
- ☐ Men
- ☐ Women

Age Group
- ☐ Youth
- ☐ Junior
- ☐ Senior
- ☐ Master
- ☐ Senior Master

Division
- ☐ 1
- ☐ 2
- ☐ 3
- ☐ 4
- ☐ 5
- ☐ 6
- ☐ 7
- ☐ 8

VISITORS _____

Uniform Color _____

Team Fouls:
1st Half | 1 | 2 | 3 | 4 | 5 | 6 | 7 | 8 | 9 | 10 | +
2nd Half | 1 | 2 | 3 | 4 | 5 | 6 | 7 | 8 | 9 | 10 | +
1 + 1   2 Shots

Time Outs: 60 Secs | 1 | 2 | 3
30 Secs | 1 | 2

SCORING: 3 = 3 point goal 2 = 2 point goal
● = FT Made   O = FT missed

No.	U	Player	Fouls					1st	2nd	3rd	4th
			1	2	3	4	5				
			1	2	3	4	5				
			1	2	3	4	5				
			1	2	3	4	5				
			1	2	3	4	5				
			1	2	3	4	5				
			1	2	3	4	5				
			1	2	3	4	5				
			1	2	3	4	5				
			1	2	3	4	5				
			1	2	3	4	5				
			1	2	3	4	5				

FINAL SCORE: _____   Quarter Total

Running Score

1	29	57
2	30	58
3	31	59
4	32	60
5	33	61
6	34	62
7	35	63
8	36	64
9	37	65
10	38	66
11	39	67
12	40	68
13	41	69
14	42	70
15	43	71
16	44	72
17	45	73
18	46	74
19	47	75
20	48	76
21	49	77
22	50	78
23	51	79
24	52	80
25	53	81
26	54	82
27	55	83
28	56	84

Alternating Possession | H | V | H | V | H | V | H | V | H | V | H | V | H | V | H | V | H | V | H | V | H | V | H | V | H | V |

Defensive Warning | | |

HOME _____

Uniform Color _____

Team Fouls:
1st Half | 1 | 2 | 3 | 4 | 5 | 6 | 7 | 8 | 9 | 10 | +
2nd Half | 1 | 2 | 3 | 4 | 5 | 6 | 7 | 8 | 9 | 10 | +
1 + 1   2 Shots

Time Outs: 60 Secs | 1 | 2 | 3
30 Secs | 1 | 2

SCORING: 3 = 3 point goal 2 = 2 point goal
● = FT Made   o = FT missed

No.	U	Player	Fouls					1st	2nd	3rd	4th
			1	2	3	4	5				
			1	2	3	4	5				
			1	2	3	4	5				
			1	2	3	4	5				
			1	2	3	4	5				
			1	2	3	4	5				
			1	2	3	4	5				
			1	2	3	4	5				
			1	2	3	4	5				
			1	2	3	4	5				
			1	2	3	4	5				
			1	2	3	4	5				

_____   Quarter Total

Running Score

1	29	57
2	30	58
3	31	59
4	32	60
5	33	61
6	34	62
7	35	63
8	36	64
9	37	65
10	38	66
11	39	67
12	40	68
13	41	69
14	42	70
15	43	71
16	44	72
17	45	73
18	46	74
19	47	75
20	48	76
21	49	77
22	50	78
23	51	79
24	52	80
25	53	81
26	54	82
27	55	83
28	56	84

BASKETBALL SCORE SHEET

Date	_____
Game Time	_____
Site	_____
Court #	_____
Referees	_____

Type
- ☐ Traditional
- ☐ Unified

Sex
- ☐ Men
- ☐ Women

Age Group
- ☐ Youth
- ☐ Junior
- ☐ Senior
- ☐ Master
- ☐ Senior Master

Division
- ☐ 1 ☐ 5
- ☐ 2 ☐ 6
- ☐ 3 ☐ 7
- ☐ 4 ☐ 8

VISITORS _____

Uniform Color _____

Team Fouls:
1st Half [1 | 2 | 3 | 4 | 5 | 6] [7 | 8 | 9] [10 | +]
2nd Half [1 | 2 | 3 | 4 | 5 | 6] [7 | 8 | 9] [10 | +]
1 + 1   2 Shots

Time Outs: 60 Secs [1 | 2 | 3]
30 Secs [1 | 2]

SCORING: 3 = 3 point goal 2 = 2 point goal
• = FT Made   o = FT missed

No.	U	Player	Fouls					1st	2nd	3rd	4th
			1	2	3	4	5				
			1	2	3	4	5				
			1	2	3	4	5				
			1	2	3	4	5				
			1	2	3	4	5				
			1	2	3	4	5				
			1	2	3	4	5				
			1	2	3	4	5				
			1	2	3	4	5				
			1	2	3	4	5				
			1	2	3	4	5				
			1	2	3	4	5				

FINAL SCORE: _____   Quarter Total

Running Score (Visitors)

1	29	57
2	30	58
3	31	59
4	32	60
5	33	61
6	34	62
7	35	63
8	36	64
9	37	65
10	38	66
11	39	67
12	40	68
13	41	69
14	42	70
15	43	71
16	44	72
17	45	73
18	46	74
19	47	75
20	48	76
21	49	77
22	50	78
23	51	79
24	52	80
25	53	81
26	54	82
27	55	83
28	56	84

Alternating Possession [H | V | H | V | H | V | H | V | H | V | H | V | H | V | H | V | H | V | H | V | H | V | H | V | H | V | H | V]

Defensive Warning [|]

HOME _____

Uniform Color _____

Team Fouls:
1st Half [1 | 2 | 3 | 4 | 5 | 6] [7 | 8 | 9] [10 | +]
2nd Half [1 | 2 | 3 | 4 | 5 | 6] [7 | 8 | 9] [10 | +]
1 + 1   2 Shots

Time Outs: 60 Secs [1 | 2 | 3]
30 Secs [1 | 2]

SCORING: 3 = 3 point goal 2 = 2 point goal
• = FT Made   o = FT missed

No.	U	Player	Fouls					1st	2nd	3rd	4th
			1	2	3	4	5				
			1	2	3	4	5				
			1	2	3	4	5				
			1	2	3	4	5				
			1	2	3	4	5				
			1	2	3	4	5				
			1	2	3	4	5				
			1	2	3	4	5				
			1	2	3	4	5				
			1	2	3	4	5				
			1	2	3	4	5				
			1	2	3	4	5				

_____   Quarter Total

Running Score (Home)

1	29	57
2	30	58
3	31	59
4	32	60
5	33	61
6	34	62
7	35	63
8	36	64
9	37	65
10	38	66
11	39	67
12	40	68
13	41	69
14	42	70
15	43	71
16	44	72
17	45	73
18	46	74
19	47	75
20	48	76
21	49	77
22	50	78
23	51	79
24	52	80
25	53	81
26	54	82
27	55	83
28	56	84

BASKETBALL SCORE SHEET

Date _____	**Type**	**Age Group**	**Division**

Type
- ☐ Traditional
- ☐ Unified

Sex
- ☐ Men
- ☐ Women

Age Group
- ☐ Youth
- ☐ Junior
- ☐ Senior
- ☐ Master
- ☐ Senior Master

Division
- ☐ 1   ☐ 5
- ☐ 2   ☐ 6
- ☐ 3   ☐ 7
- ☐ 4   ☐ 8

Date _____
Game Time _____
Site _____
Court # _____
Referees _____

VISITORS _____   Uniform Color _____

Team Fouls:
1st Half | 1 | 2 | 3 | 4 | 5 | 6 || 7 | 8 | 9 || 10 | +
2nd Half | 1 | 2 | 3 | 4 | 5 | 6 || 7 | 8 | 9 || 10 | +
1 + 1   2 Shots

Time Outs: 60 Secs | 1 | 2 | 3
30 Secs | 1 | 2

No.	U	Player	Fouls					SCORING: 3 = 3 point goal 2 = 2 point goal ● = FT Made O = FT missed			
								1st	2nd	3rd	4th
			1	2	3	4	5				
			1	2	3	4	5				
			1	2	3	4	5				
			1	2	3	4	5				
			1	2	3	4	5				
			1	2	3	4	5				
			1	2	3	4	5				
			1	2	3	4	5				
			1	2	3	4	5				
			1	2	3	4	5				
			1	2	3	4	5				
			1	2	3	4	5				
FINAL SCORE: _____			Quarter Total								

Running Score

1	29	57
2	30	58
3	31	59
4	32	60
5	33	61
6	34	62
7	35	63
8	36	64
9	37	65
10	38	66
11	39	67
12	40	68
13	41	69
14	42	70
15	43	71
16	44	72
17	45	73
18	46	74
19	47	75
20	48	76
21	49	77
22	50	78
23	51	79
24	52	80
25	53	81
26	54	82
27	55	83
28	56	84

Alternating Possession: | H | V | H | V | H | V | H | V | H | V | H | V | H | V | H | V | H | V | H | V | H | V | H | V |

Defensive Warning ☐☐

HOME _____   Uniform Color _____

Team Fouls:
1st Half | 1 | 2 | 3 | 4 | 5 | 6 || 7 | 8 | 9 || 10 | +
2nd Half | 1 | 2 | 3 | 4 | 5 | 6 || 7 | 8 | 9 || 10 | +
1 + 1   2 Shots

Time Outs: 60 Secs | 1 | 2 | 3
30 Secs | 1 | 2

No.	U	Player	Fouls					SCORING: 3 = 3 point goal 2 = 2 point goal ● = FT Made o = FT missed			
								1st	2nd	3rd	4th
			1	2	3	4	5				
			1	2	3	4	5				
			1	2	3	4	5				
			1	2	3	4	5				
			1	2	3	4	5				
			1	2	3	4	5				
			1	2	3	4	5				
			1	2	3	4	5				
			1	2	3	4	5				
			1	2	3	4	5				
			1	2	3	4	5				
			1	2	3	4	5				
_____			Quarter Total								

Running Score

1	29	57
2	30	58
3	31	59
4	32	60
5	33	61
6	34	62
7	35	63
8	36	64
9	37	65
10	38	66
11	39	67
12	40	68
13	41	69
14	42	70
15	43	71
16	44	72
17	45	73
18	46	74
19	47	75
20	48	76
21	49	77
22	50	78
23	51	79
24	52	80
25	53	81
26	54	82
27	55	83
28	56	84

BASKETBALL SCORE SHEET

Date _____

Game Time _____

Site _____

Court # _____

Referees _____

Type
- [ ] Traditional
- [ ] Unified

Sex
- [ ] Men
- [ ] Women

Age Group
- [ ] Youth
- [ ] Junior
- [ ] Senior
- [ ] Master
- [ ] Senior Master

Division
- [ ] 1
- [ ] 2
- [ ] 3
- [ ] 4
- [ ] 5
- [ ] 6
- [ ] 7
- [ ] 8

VISITORS _____

Uniform Color _____

Team Fouls:

1st Half | 1 2 3 4 5 6 | 7 8 9 | 10 + | Time Outs: 60 Secs | 1 2 3

2nd Half | 1 2 3 4 5 6 | 7 8 9 | 10 + | 30 Secs | 1 2

1 + 1   2 Shots

SCORING: 3 = 3 point goal 2 = 2 point goal ● = FT Made O = FT missed

No.	U	Player	Fouls					1st	2nd	3rd	4th
			1	2	3	4	5				
			1	2	3	4	5				
			1	2	3	4	5				
			1	2	3	4	5				
			1	2	3	4	5				
			1	2	3	4	5				
			1	2	3	4	5				
			1	2	3	4	5				
			1	2	3	4	5				
			1	2	3	4	5				
			1	2	3	4	5				
			1	2	3	4	5				

FINAL SCORE: _____   Quarter Total

Running Score

1	29	57
2	30	58
3	31	59
4	32	60
5	33	61
6	34	62
7	35	63
8	36	64
9	37	65
10	38	66
11	39	67
12	40	68
13	41	69
14	42	70
15	43	71
16	44	72
17	45	73
18	46	74
19	47	75
20	48	76
21	49	77
22	50	78
23	51	79
24	52	80
25	53	81
26	54	82
27	55	83
28	56	84

Alternating Possession

H V H V H V H V H V H V H V H V H V H V H V H V H V

Defensive Warning [ ][ ]

HOME _____

Uniform Color _____

Team Fouls:

1st Half | 1 2 3 4 5 6 | 7 8 9 | 10 + | Time Outs: 60 Secs | 1 2 3

2nd Half | 1 2 3 4 5 6 | 7 8 9 | 10 + | 30 Secs | 1 2

1 + 1   2 Shots

SCORING: 3 = 3 point goal 2 = 2 point goal ● = FT Made o = FT missed

No.	U	Player	Fouls					1st	2nd	3rd	4th
			1	2	3	4	5				
			1	2	3	4	5				
			1	2	3	4	5				
			1	2	3	4	5				
			1	2	3	4	5				
			1	2	3	4	5				
			1	2	3	4	5				
			1	2	3	4	5				
			1	2	3	4	5				
			1	2	3	4	5				
			1	2	3	4	5				
			1	2	3	4	5				

_____   Quarter Total

Running Score

1	29	57
2	30	58
3	31	59
4	32	60
5	33	61
6	34	62
7	35	63
8	36	64
9	37	65
10	38	66
11	39	67
12	40	68
13	41	69
14	42	70
15	43	71
16	44	72
17	45	73
18	46	74
19	47	75
20	48	76
21	49	77
22	50	78
23	51	79
24	52	80
25	53	81
26	54	82
27	55	83
28	56	84

BASKETBALL SCORE SHEET

		Type	Age Group	Division
Date	_____	☐ Traditional	☐ Youth	☐ 1 ☐ 5
Game Time	_____	☐ Unified	☐ Junior	☐ 2 ☐ 6
Site	_____	**Sex**	☐ Senior	☐ 3 ☐ 7
Court #	_____	☐ Men	☐ Master	☐ 4 ☐ 8
Referees	_____	☐ Women	☐ Senior Master	

VISITORS _____

Uniform Color _____

Team Fouls:
1st Half 1 2 3 4 5 6   7 8 9   10 +
2nd Half 1 2 3 4 5 6   7 8 9   10 +
1 + 1   2 Shots

Time Outs: 60 Secs   1 2 3
30 Secs   1 2

No.	U	Player		Fouls				SCORING: 3 = 3 point goal 2 = 2 point goal • = FT Made O = FT missed			
								1st	2nd	3rd	4th
			1	2	3	4	5				
			1	2	3	4	5				
			1	2	3	4	5				
			1	2	3	4	5				
			1	2	3	4	5				
			1	2	3	4	5				
			1	2	3	4	5				
			1	2	3	4	5				
			1	2	3	4	5				
			1	2	3	4	5				
			1	2	3	4	5				

FINAL SCORE: _____   Quarter Total

Running Score
1	29	57
2	30	58
3	31	59
4	32	60
5	33	61
6	34	62
7	35	63
8	36	64
9	37	65
10	38	66
11	39	67
12	40	68
13	41	69
14	42	70
15	43	71
16	44	72
17	45	73
18	46	74
19	47	75
20	48	76
21	49	77
22	50	78
23	51	79
24	52	80
25	53	81
26	54	82
27	55	83
28	56	84

Alternating Possession H V H V H V H V H V H V H V H V H V H V H V H V

Defensive Warning ☐ ☐

HOME _____

Uniform Color _____

Team Fouls:
1st Half 1 2 3 4 5 6   7 8 9   10 +
2nd Half 1 2 3 4 5 6   7 8 9   10 +
1 + 1   2 Shots

Time Outs: 60 Secs   1 2 3
30 Secs   1 2

No.	U	Player		Fouls				SCORING: 3 = 3 point goal 2 = 2 point goal • = FT Made o = FT missed			
								1st	2nd	3rd	4th
			1	2	3	4	5				
			1	2	3	4	5				
			1	2	3	4	5				
			1	2	3	4	5				
			1	2	3	4	5				
			1	2	3	4	5				
			1	2	3	4	5				
			1	2	3	4	5				
			1	2	3	4	5				
			1	2	3	4	5				
			1	2	3	4	5				

_____   Quarter Total

Running Score
1	29	57
2	30	58
3	31	59
4	32	60
5	33	61
6	34	62
7	35	63
8	36	64
9	37	65
10	38	66
11	39	67
12	40	68
13	41	69
14	42	70
15	43	71
16	44	72
17	45	73
18	46	74
19	47	75
20	48	76
21	49	77
22	50	78
23	51	79
24	52	80
25	53	81
26	54	82
27	55	83
28	56	84

BASKETBALL SCORE SHEET

Date _____

Game Time _____

Site _____

Court # _____

Referees _____

Type
- ☐ Traditional
- ☐ Unified

Sex
- ☐ Men
- ☐ Women

Age Group
- ☐ Youth
- ☐ Junior
- ☐ Senior
- ☐ Master
- ☐ Senior Master

Division
- ☐ 1   ☐ 5
- ☐ 2   ☐ 6
- ☐ 3   ☐ 7
- ☐ 4   ☐ 8

VISITORS

VISITORS _____

Uniform Color _____

Team Fouls:

1st Half: | 1 | 2 | 3 | 4 | 5 | 6 | | 7 | 8 | 9 | | 10 | + |

2nd Half: | 1 | 2 | 3 | 4 | 5 | 6 | | 7 | 8 | 9 | | 10 | + |

1 + 1   2 Shots

Time Outs: 60 Secs | 1 | 2 | 3 |

30 Secs | 1 | 2 |

No.	U	Player	Fouls					SCORING: 3 = 3 point goal 2 = 2 point goal • = FT Made O = FT missed			
								1st	2nd	3rd	4th
			1	2	3	4	5				
			1	2	3	4	5				
			1	2	3	4	5				
			1	2	3	4	5				
			1	2	3	4	5				
			1	2	3	4	5				
			1	2	3	4	5				
			1	2	3	4	5				
			1	2	3	4	5				
			1	2	3	4	5				
			1	2	3	4	5				
			1	2	3	4	5				
			1	2	3	4	5				

FINAL SCORE: _____   Quarter Total

Running Score

1	29	57
2	30	58
3	31	59
4	32	60
5	33	61
6	34	62
7	35	63
8	36	64
9	37	65
10	38	66
11	39	67
12	40	68
13	41	69
14	42	70
15	43	71
16	44	72
17	45	73
18	46	74
19	47	75
20	48	76
21	49	77
22	50	78
23	51	79
24	52	80
25	53	81
26	54	82
27	55	83
28	56	84

Alternating Possession: | H | V | H | V | H | V | H | V | H | V | H | V | H | V | H | V | H | V | H | V | H | V | H | V |

Defensive Warning ☐ ☐

HOME

HOME _____

Uniform Color _____

Team Fouls:

1st Half: | 1 | 2 | 3 | 4 | 5 | 6 | | 7 | 8 | 9 | | 10 | + |

2nd Half: | 1 | 2 | 3 | 4 | 5 | 6 | | 7 | 8 | 9 | | 10 | + |

1 + 1   2 Shots

Time Outs: 60 Secs | 1 | 2 | 3 |

30 Secs | 1 | 2 |

No.	U	Player	Fouls					SCORING: 3 = 3 point goal 2 = 2 point goal • = FT Made o = FT missed			
								1st	2nd	3rd	4th
			1	2	3	4	5				
			1	2	3	4	5				
			1	2	3	4	5				
			1	2	3	4	5				
			1	2	3	4	5				
			1	2	3	4	5				
			1	2	3	4	5				
			1	2	3	4	5				
			1	2	3	4	5				
			1	2	3	4	5				
			1	2	3	4	5				
			1	2	3	4	5				
			1	2	3	4	5				

_____   Quarter Total

Running Score

1	29	57
2	30	58
3	31	59
4	32	60
5	33	61
6	34	62
7	35	63
8	36	64
9	37	65
10	38	66
11	39	67
12	40	68
13	41	69
14	42	70
15	43	71
16	44	72
17	45	73
18	46	74
19	47	75
20	48	76
21	49	77
22	50	78
23	51	79
24	52	80
25	53	81
26	54	82
27	55	83
28	56	84

BASKETBALL SCORE SHEET

Date	_____
Game Time	_____
Site	_____
Court #	_____
Referees	_____

Type
- ☐ Traditional
- ☐ Unified

Sex
- ☐ Men
- ☐ Women

Age Group
- ☐ Youth
- ☐ Junior
- ☐ Senior
- ☐ Master
- ☐ Senior Master

Division
- ☐ 1   ☐ 5
- ☐ 2   ☐ 6
- ☐ 3   ☐ 7
- ☐ 4   ☐ 8

VISITORS _____

Uniform Color _____

Team Fouls:
1st Half | 1 2 3 4 5 6 | 7 8 9 | 10 + |
2nd Half | 1 2 3 4 5 6 | 7 8 9 | 10 + |
1 + 1   2 Shots

Time Outs: 60 Secs | 1 2 3 |
30 Secs | 1 2 |

Running Score

1	29	57
2	30	58
3	31	59
4	32	60
5	33	61
6	34	62
7	35	63
8	36	64
9	37	65
10	38	66
11	39	67
12	40	68
13	41	69
14	42	70
15	43	71
16	44	72
17	45	73
18	46	74
19	47	75
20	48	76
21	49	77
22	50	78
23	51	79
24	52	80
25	53	81
26	54	82
27	55	83
28	56	84

SCORING: 3 = 3 point goal 2 = 2 point goal
● = FT Made   O = FT missed

No.	U	Player	Fouls	1st	2nd	3rd	4th
			1 2 3 4 5				
			1 2 3 4 5				
			1 2 3 4 5				
			1 2 3 4 5				
			1 2 3 4 5				
			1 2 3 4 5				
			1 2 3 4 5				
			1 2 3 4 5				
			1 2 3 4 5				
			1 2 3 4 5				
			1 2 3 4 5				
			1 2 3 4 5				

FINAL SCORE: _____   Quarter Total

Alternating Possession | H V H V H V H V H V H V H V H V H V H V H V H V

Defensive Warning ☐ ☐

HOME _____

Uniform Color _____

Team Fouls:
1st Half | 1 2 3 4 5 6 | 7 8 9 | 10 + |
2nd Half | 1 2 3 4 5 6 | 7 8 9 | 10 + |
1 + 1   2 Shots

Time Outs: 60 Secs | 1 2 3 |
30 Secs | 1 2 |

Running Score

1	29	57
2	30	58
3	31	59
4	32	60
5	33	61
6	34	62
7	35	63
8	36	64
9	37	65
10	38	66
11	39	67
12	40	68
13	41	69
14	42	70
15	43	71
16	44	72
17	45	73
18	46	74
19	47	75
20	48	76
21	49	77
22	50	78
23	51	79
24	52	80
25	53	81
26	54	82
27	55	83
28	56	84

SCORING: 3 = 3 point goal 2 = 2 point goal
● = FT Made   o = FT missed

No.	U	Player	Fouls	1st	2nd	3rd	4th
			1 2 3 4 5				
			1 2 3 4 5				
			1 2 3 4 5				
			1 2 3 4 5				
			1 2 3 4 5				
			1 2 3 4 5				
			1 2 3 4 5				
			1 2 3 4 5				
			1 2 3 4 5				
			1 2 3 4 5				
			1 2 3 4 5				
			1 2 3 4 5				

_____   Quarter Total

BASKETBALL SCORE SHEET

Date _____

Game Time _____

Site _____

Court # _____

Referees _____

Type
- ☐ Traditional
- ☐ Unified

Sex
- ☐ Men
- ☐ Women

Age Group
- ☐ Youth
- ☐ Junior
- ☐ Senior
- ☐ Master
- ☐ Senior Master

Division
- ☐ 1   ☐ 5
- ☐ 2   ☐ 6
- ☐ 3   ☐ 7
- ☐ 4   ☐ 8

VISITORS _____

Uniform Color _____

Team Fouls: 1st Half | 1 2 3 4 5 6 | 7 8 9 | 10 +

2nd Half | 1 2 3 4 5 6 | 7 8 9 | 10 +

1 + 1   2 Shots

Time Outs: 60 Secs | 1 2 3

30 Secs | 1 2

No.	U	Player	Fouls					SCORING: 3 = 3 point goal 2 = 2 point goal ● = FT Made ○ = FT missed			
								1st	2nd	3rd	4th
			1	2	3	4	5				
			1	2	3	4	5				
			1	2	3	4	5				
			1	2	3	4	5				
			1	2	3	4	5				
			1	2	3	4	5				
			1	2	3	4	5				
			1	2	3	4	5				
			1	2	3	4	5				
			1	2	3	4	5				
			1	2	3	4	5				
			1	2	3	4	5				

FINAL SCORE: _____   Quarter Total

Running Score

1	29	57
2	30	58
3	31	59
4	32	60
5	33	61
6	34	62
7	35	63
8	36	64
9	37	65
10	38	66
11	39	67
12	40	68
13	41	69
14	42	70
15	43	71
16	44	72
17	45	73
18	46	74
19	47	75
20	48	76
21	49	77
22	50	78
23	51	79
24	52	80
25	53	81
26	54	82
27	55	83
28	56	84

Alternating Possession | H V H V H V H V H V H V H V H V H V H V H V H V

Defensive Warning ☐ ☐

HOME _____

Uniform Color _____

Team Fouls: 1st Half | 1 2 3 4 5 6 | 7 8 9 | 10 +

2nd Half | 1 2 3 4 5 6 | 7 8 9 | 10 +

1 + 1   2 Shots

Time Outs: 60 Secs | 1 2 3

30 Secs | 1 2

No.	U	Player	Fouls					SCORING: 3 = 3 point goal 2 = 2 point goal ● = FT Made ○ = FT missed			
								1st	2nd	3rd	4th
			1	2	3	4	5				
			1	2	3	4	5				
			1	2	3	4	5				
			1	2	3	4	5				
			1	2	3	4	5				
			1	2	3	4	5				
			1	2	3	4	5				
			1	2	3	4	5				
			1	2	3	4	5				
			1	2	3	4	5				
			1	2	3	4	5				
			1	2	3	4	5				

_____   Quarter Total

Running Score

1	29	57
2	30	58
3	31	59
4	32	60
5	33	61
6	34	62
7	35	63
8	36	64
9	37	65
10	38	66
11	39	67
12	40	68
13	41	69
14	42	70
15	43	71
16	44	72
17	45	73
18	46	74
19	47	75
20	48	76
21	49	77
22	50	78
23	51	79
24	52	80
25	53	81
26	54	82
27	55	83
28	56	84

BASKETBALL SCORE SHEET

Date _____

Game Time _____

Site _____

Court # _____

Referees _____

Type
- ☐ Traditional
- ☐ Unified

Sex
- ☐ Men
- ☐ Women

Age Group
- ☐ Youth
- ☐ Junior
- ☐ Senior
- ☐ Master
- ☐ Senior Master

Division
- ☐ 1
- ☐ 2
- ☐ 3
- ☐ 4
- ☐ 5
- ☐ 6
- ☐ 7
- ☐ 8

VISITORS _____ Uniform Color _____

Team Fouls:

1st Half | 1 2 3 4 5 6 | 7 8 9 | 10 +

2nd Half | 1 2 3 4 5 6 | 7 8 9 | 10 +

1 + 1   2 Shots

Time Outs: 60 Secs | 1 2 3

30 Secs | 1 2

No.	U	Player	Fouls					SCORING: 3 = 3 point goal 2 = 2 point goal ● = FT Made O = FT missed			
								1st	2nd	3rd	4th
			1	2	3	4	5				
			1	2	3	4	5				
			1	2	3	4	5				
			1	2	3	4	5				
			1	2	3	4	5				
			1	2	3	4	5				
			1	2	3	4	5				
			1	2	3	4	5				
			1	2	3	4	5				
			1	2	3	4	5				
			1	2	3	4	5				
			1	2	3	4	5				

FINAL SCORE: _____   Quarter Total

Running Score

1	29	57
2	30	58
3	31	59
4	32	60
5	33	61
6	34	62
7	35	63
8	36	64
9	37	65
10	38	66
11	39	67
12	40	68
13	41	69
14	42	70
15	43	71
16	44	72
17	45	73
18	46	74
19	47	75
20	48	76
21	49	77
22	50	78
23	51	79
24	52	80
25	53	81
26	54	82
27	55	83
28	56	84

Alternating Possession | H V H V H V H V H V H V H V H V H V H V H V H V H V

Defensive Warning ☐ ☐

HOME _____ Uniform Color _____

Team Fouls:

1st Half | 1 2 3 4 5 6 | 7 8 9 | 10 +

2nd Half | 1 2 3 4 5 6 | 7 8 9 | 10 +

1 + 1   2 Shots

Time Outs: 60 Secs | 1 2 3

30 Secs | 1 2

No.	U	Player	Fouls					SCORING: 3 = 3 point goal 2 = 2 point goal ● = FT Made o = FT missed			
								1st	2nd	3rd	4th
			1	2	3	4	5				
			1	2	3	4	5				
			1	2	3	4	5				
			1	2	3	4	5				
			1	2	3	4	5				
			1	2	3	4	5				
			1	2	3	4	5				
			1	2	3	4	5				
			1	2	3	4	5				
			1	2	3	4	5				
			1	2	3	4	5				
			1	2	3	4	5				

_____   Quarter Total

Running Score

1	29	57
2	30	58
3	31	59
4	32	60
5	33	61
6	34	62
7	35	63
8	36	64
9	37	65
10	38	66
11	39	67
12	40	68
13	41	69
14	42	70
15	43	71
16	44	72
17	45	73
18	46	74
19	47	75
20	48	76
21	49	77
22	50	78
23	51	79
24	52	80
25	53	81
26	54	82
27	55	83
28	56	84

BASKETBALL SCORE SHEET

Date _____

Game Time _____

Site _____

Court # _____

Referees _____

Type
- ☐ Traditional
- ☐ Unified

Sex
- ☐ Men
- ☐ Women

Age Group
- ☐ Youth
- ☐ Junior
- ☐ Senior
- ☐ Master
- ☐ Senior Master

Division
- ☐ 1   ☐ 5
- ☐ 2   ☐ 6
- ☐ 3   ☐ 7
- ☐ 4   ☐ 8

VISITORS _____

Uniform Color _____

Team Fouls:

1st Half | 1 2 3 4 5 6 | 7 8 9 | 10 + |

2nd Half | 1 2 3 4 5 6 | 7 8 9 | 10 + |

1 + 1   2 Shots

Time Outs: 60 Secs | 1 2 3 |

30 Secs | 1 2 |

No.	U	Player	Fouls					SCORING: 3 = 3 point goal 2 = 2 point goal ● = FT Made O = FT missed			
								1st	2nd	3rd	4th
			1	2	3	4	5				
			1	2	3	4	5				
			1	2	3	4	5				
			1	2	3	4	5				
			1	2	3	4	5				
			1	2	3	4	5				
			1	2	3	4	5				
			1	2	3	4	5				
			1	2	3	4	5				
			1	2	3	4	5				
			1	2	3	4	5				
			1	2	3	4	5				

FINAL SCORE: _____

Quarter Total

Running Score

1	29	57
2	30	58
3	31	59
4	32	60
5	33	61
6	34	62
7	35	63
8	36	64
9	37	65
10	38	66
11	39	67
12	40	68
13	41	69
14	42	70
15	43	71
16	44	72
17	45	73
18	46	74
19	47	75
20	48	76
21	49	77
22	50	78
23	51	79
24	52	80
25	53	81
26	54	82
27	55	83
28	56	84

Alternating Possession | H V H V H V H V H V H V H V H V H V H V H V |

Defensive Warning ☐ ☐

HOME _____

Uniform Color _____

Team Fouls:

1st Half | 1 2 3 4 5 6 | 7 8 9 | 10 + |

2nd Half | 1 2 3 4 5 6 | 7 8 9 | 10 + |

1 + 1   2 Shots

Time Outs: 60 Secs | 1 2 3 |

30 Secs | 1 2 |

No.	U	Player	Fouls					SCORING: 3 = 3 point goal 2 = 2 point goal ● = FT Made o = FT missed			
								1st	2nd	3rd	4th
			1	2	3	4	5				
			1	2	3	4	5				
			1	2	3	4	5				
			1	2	3	4	5				
			1	2	3	4	5				
			1	2	3	4	5				
			1	2	3	4	5				
			1	2	3	4	5				
			1	2	3	4	5				
			1	2	3	4	5				
			1	2	3	4	5				
			1	2	3	4	5				

_____

Quarter Total

Running Score

1	29	57
2	30	58
3	31	59
4	32	60
5	33	61
6	34	62
7	35	63
8	36	64
9	37	65
10	38	66
11	39	67
12	40	68
13	41	69
14	42	70
15	43	71
16	44	72
17	45	73
18	46	74
19	47	75
20	48	76
21	49	77
22	50	78
23	51	79
24	52	80
25	53	81
26	54	82
27	55	83
28	56	84

BASKETBALL SCORE SHEET

		Type		Age Group		Division				
Date _____		☐	Traditional	☐	Youth	☐	1	☐	5	
Game Time _____		☐	Unified	☐	Junior	☐	2	☐	6	
Site _____		**Sex**		☐	Senior	☐	3	☐	7	
Court # _____		☐	Men	☐	Master	☐	4	☐	8	
Referees _____		☐	Women	☐	Senior Master					

VISITORS

VISITORS _____   Uniform Color _____

Team Fouls: 1st Half [1] [2] [3] [4] [5] [6] [7] [8] [9] [10] [+]

Team Fouls: 2nd Half [1] [2] [3] [4] [5] [6] [7] [8] [9] [10] [+]

1 + 1   2 Shots

Time Outs: 60 Secs [1] [2] [3]

30 Secs [1] [2]

Running Score
1	29	57
2	30	58
3	31	59
4	32	60
5	33	61
6	34	62
7	35	63
8	36	64
9	37	65
10	38	66
11	39	67
12	40	68
13	41	69
14	42	70
15	43	71
16	44	72
17	45	73
18	46	74
19	47	75
20	48	76
21	49	77
22	50	78
23	51	79
24	52	80
25	53	81
26	54	82
27	55	83
28	56	84

SCORING: 3 = 3 point goal 2 = 2 point goal
● = FT Made   ○ = FT missed

No.	U	Player	Fouls					1st	2nd	3rd	4th
			1	2	3	4	5				
			1	2	3	4	5				
			1	2	3	4	5				
			1	2	3	4	5				
			1	2	3	4	5				
			1	2	3	4	5				
			1	2	3	4	5				
			1	2	3	4	5				
			1	2	3	4	5				
			1	2	3	4	5				
			1	2	3	4	5				
			1	2	3	4	5				

FINAL SCORE: _____   Quarter Total

Alternating Possession [H] [V] [H] [V] [H] [V] [H] [V] [H] [V] [H] [V] [H] [V] [H] [V] [H] [V] [H] [V] [H] [V]

Defensive Warning [ ] [ ]

HOME

HOME _____   Uniform Color _____

Team Fouls: 1st Half [1] [2] [3] [4] [5] [6] [7] [8] [9] [10] [+]

Team Fouls: 2nd Half [1] [2] [3] [4] [5] [6] [7] [8] [9] [10] [+]

1 + 1   2 Shots

Time Outs: 60 Secs [1] [2] [3]

30 Secs [1] [2]

Running Score
1	29	57
2	30	58
3	31	59
4	32	60
5	33	61
6	34	62
7	35	63
8	36	64
9	37	65
10	38	66
11	39	67
12	40	68
13	41	69
14	42	70
15	43	71
16	44	72
17	45	73
18	46	74
19	47	75
20	48	76
21	49	77
22	50	78
23	51	79
24	52	80
25	53	81
26	54	82
27	55	83
28	56	84

SCORING: 3 = 3 point goal 2 = 2 point goal
● = FT Made   ○ = FT missed

No.	U	Player	Fouls					1st	2nd	3rd	4th
			1	2	3	4	5				
			1	2	3	4	5				
			1	2	3	4	5				
			1	2	3	4	5				
			1	2	3	4	5				
			1	2	3	4	5				
			1	2	3	4	5				
			1	2	3	4	5				
			1	2	3	4	5				
			1	2	3	4	5				
			1	2	3	4	5				
			1	2	3	4	5				

_____   Quarter Total

BASKETBALL SCORE SHEET

Date	_____
Game Time	_____
Site	_____
Court #	_____
Referees	_____

Type
- ☐ Traditional
- ☐ Unified

Sex
- ☐ Men
- ☐ Women

Age Group
- ☐ Youth
- ☐ Junior
- ☐ Senior
- ☐ Master
- ☐ Senior Master

Division
- ☐ 1   ☐ 5
- ☐ 2   ☐ 6
- ☐ 3   ☐ 7
- ☐ 4   ☐ 8

VISITORS _____

Uniform Color _____

Team Fouls:
1st Half | 1 2 3 4 5 6 | 7 8 9 | 10 +
2nd Half | 1 2 3 4 5 6 | 7 8 9 | 10 +

1 + 1   2 Shots

Time Outs: 60 Secs | 1 2 3
30 Secs | 1 2

Running Score (Visitors)

1	29	57
2	30	58
3	31	59
4	32	60
5	33	61
6	34	62
7	35	63
8	36	64
9	37	65
10	38	66
11	39	67
12	40	68
13	41	69
14	42	70
15	43	71
16	44	72
17	45	73
18	46	74
19	47	75
20	48	76
21	49	77
22	50	78
23	51	79
24	52	80
25	53	81
26	54	82
27	55	83
28	56	84

SCORING: 3 = 3 point goal 2 = 2 point goal
● = FT Made   ○ = FT missed

No.	U	Player	Fouls					1st	2nd	3rd	4th
			1	2	3	4	5				
			1	2	3	4	5				
			1	2	3	4	5				
			1	2	3	4	5				
			1	2	3	4	5				
			1	2	3	4	5				
			1	2	3	4	5				
			1	2	3	4	5				
			1	2	3	4	5				
			1	2	3	4	5				
			1	2	3	4	5				
			1	2	3	4	5				

FINAL SCORE: _____   Quarter Total

Alternating Possession | H V H V H V H V H V H V H V H V H V H V H V H V

Defensive Warning ☐ ☐

HOME _____

Uniform Color _____

Team Fouls:
1st Half | 1 2 3 4 5 6 | 7 8 9 | 10 +
2nd Half | 1 2 3 4 5 6 | 7 8 9 | 10 +

1 + 1   2 Shots

Time Outs: 60 Secs | 1 2 3
30 Secs | 1 2

Running Score (Home)

1	29	57
2	30	58
3	31	59
4	32	60
5	33	61
6	34	62
7	35	63
8	36	64
9	37	65
10	38	66
11	39	67
12	40	68
13	41	69
14	42	70
15	43	71
16	44	72
17	45	73
18	46	74
19	47	75
20	48	76
21	49	77
22	50	78
23	51	79
24	52	80
25	53	81
26	54	82
27	55	83
28	56	84

SCORING: 3 = 3 point goal 2 = 2 point goal
● = FT Made   ○ = FT missed

No.	U	Player	Fouls					1st	2nd	3rd	4th
			1	2	3	4	5				
			1	2	3	4	5				
			1	2	3	4	5				
			1	2	3	4	5				
			1	2	3	4	5				
			1	2	3	4	5				
			1	2	3	4	5				
			1	2	3	4	5				
			1	2	3	4	5				
			1	2	3	4	5				
			1	2	3	4	5				
			1	2	3	4	5				

_____   Quarter Total

BASKETBALL SCORE SHEET

Date _____		
Game Time _____		
Site _____		
Court # _____		
Referees _____		

Type
- ☐ Traditional
- ☐ Unified

Sex
- ☐ Men
- ☐ Women

Age Group
- ☐ Youth
- ☐ Junior
- ☐ Senior
- ☐ Master
- ☐ Senior Master

Division
- ☐ 1   ☐ 5
- ☐ 2   ☐ 6
- ☐ 3   ☐ 7
- ☐ 4   ☐ 8

VISITORS _____

Uniform Color _____

Team Fouls:
1st Half | 1 2 3 4 5 6 | 7 8 9 | 10 + |
2nd Half | 1 2 3 4 5 6 | 7 8 9 | 10 + |
1 + 1 | 2 Shots

Time Outs: 60 Secs | 1 2 3
30 Secs | 1 2

SCORING: 3 = 3 point goal 2 = 2 point goal
● = FT Made   O = FT missed

No.	U	Player	Fouls					1st	2nd	3rd	4th
			1	2	3	4	5				
			1	2	3	4	5				
			1	2	3	4	5				
			1	2	3	4	5				
			1	2	3	4	5				
			1	2	3	4	5				
			1	2	3	4	5				
			1	2	3	4	5				
			1	2	3	4	5				
			1	2	3	4	5				
			1	2	3	4	5				
			1	2	3	4	5				

FINAL SCORE: _____   Quarter Total

Running Score (Visitors)

1		29		57	
2		30		58	
3		31		59	
4		32		60	
5		33		61	
6		34		62	
7		35		63	
8		36		64	
9		37		65	
10		38		66	
11		39		67	
12		40		68	
13		41		69	
14		42		70	
15		43		71	
16		44		72	
17		45		73	
18		46		74	
19		47		75	
20		48		76	
21		49		77	
22		50		78	
23		51		79	
24		52		80	
25		53		81	
26		54		82	
27		55		83	
28		56		84	

Alternating Possession | H V H V H V H V H V H V H V H V H V H V H V H V H V H V

Defensive Warning ☐ ☐

HOME _____

Uniform Color _____

Team Fouls:
1st Half | 1 2 3 4 5 6 | 7 8 9 | 10 + |
2nd Half | 1 2 3 4 5 6 | 7 8 9 | 10 + |
1 + 1 | 2 Shots

Time Outs: 60 Secs | 1 2 3
30 Secs | 1 2

SCORING: 3 = 3 point goal 2 = 2 point goal
● = FT Made   o = FT missed

No.	U	Player	Fouls					1st	2nd	3rd	4th
			1	2	3	4	5				
			1	2	3	4	5				
			1	2	3	4	5				
			1	2	3	4	5				
			1	2	3	4	5				
			1	2	3	4	5				
			1	2	3	4	5				
			1	2	3	4	5				
			1	2	3	4	5				
			1	2	3	4	5				
			1	2	3	4	5				
			1	2	3	4	5				

_____   Quarter Total

Running Score (Home)

1		29		57	
2		30		58	
3		31		59	
4		32		60	
5		33		61	
6		34		62	
7		35		63	
8		36		64	
9		37		65	
10		38		66	
11		39		67	
12		40		68	
13		41		69	
14		42		70	
15		43		71	
16		44		72	
17		45		73	
18		46		74	
19		47		75	
20		48		76	
21		49		77	
22		50		78	
23		51		79	
24		52		80	
25		53		81	
26		54		82	
27		55		83	
28		56		84	

BASKETBALL SCORE SHEET

Date _____

Game Time _____

Site _____

Court # _____

Referees _____

Type
- ☐ Traditional
- ☐ Unified

Sex
- ☐ Men
- ☐ Women

Age Group
- ☐ Youth
- ☐ Junior
- ☐ Senior
- ☐ Master
- ☐ Senior Master

Division
- ☐ 1   ☐ 5
- ☐ 2   ☐ 6
- ☐ 3   ☐ 7
- ☐ 4   ☐ 8

VISITORS _____

Uniform Color _____

Team Fouls:

1st Half | 1 2 3 4 5 6 | 7 8 9 | 10 +
2nd Half | 1 2 3 4 5 6 | 7 8 9 | 10 +

1 + 1   2 Shots

Time Outs: 60 Secs | 1 2 3

30 Secs | 1 2

No.	U	Player	Fouls					SCORING: 3 = 3 point goal 2 = 2 point goal • = FT Made O = FT missed			
								1st	2nd	3rd	4th
			1	2	3	4	5				
			1	2	3	4	5				
			1	2	3	4	5				
			1	2	3	4	5				
			1	2	3	4	5				
			1	2	3	4	5				
			1	2	3	4	5				
			1	2	3	4	5				
			1	2	3	4	5				
			1	2	3	4	5				
			1	2	3	4	5				
			1	2	3	4	5				

FINAL SCORE: _____   Quarter Total

Running Score

1	29	57
2	30	58
3	31	59
4	32	60
5	33	61
6	34	62
7	35	63
8	36	64
9	37	65
10	38	66
11	39	67
12	40	68
13	41	69
14	42	70
15	43	71
16	44	72
17	45	73
18	46	74
19	47	75
20	48	76
21	49	77
22	50	78
23	51	79
24	52	80
25	53	81
26	54	82
27	55	83
28	56	84

Alternating Possession | H V H V H V H V H V H V H V H V H V H V H V H V H V

Defensive Warning ☐ ☐

HOME _____

Uniform Color _____

Team Fouls:

1st Half | 1 2 3 4 5 6 | 7 8 9 | 10 +
2nd Half | 1 2 3 4 5 6 | 7 8 9 | 10 +

1 + 1   2 Shots

Time Outs: 60 Secs | 1 2 3

30 Secs | 1 2

No.	U	Player	Fouls					SCORING: 3 = 3 point goal 2 = 2 point goal • = FT Made o = FT missed			
								1st	2nd	3rd	4th
			1	2	3	4	5				
			1	2	3	4	5				
			1	2	3	4	5				
			1	2	3	4	5				
			1	2	3	4	5				
			1	2	3	4	5				
			1	2	3	4	5				
			1	2	3	4	5				
			1	2	3	4	5				
			1	2	3	4	5				
			1	2	3	4	5				
			1	2	3	4	5				

_____   Quarter Total

Running Score

1	29	57
2	30	58
3	31	59
4	32	60
5	33	61
6	34	62
7	35	63
8	36	64
9	37	65
10	38	66
11	39	67
12	40	68
13	41	69
14	42	70
15	43	71
16	44	72
17	45	73
18	46	74
19	47	75
20	48	76
21	49	77
22	50	78
23	51	79
24	52	80
25	53	81
26	54	82
27	55	83
28	56	84

BASKETBALL SCORE SHEET

Date	_____
Game Time	_____
Site	_____
Court #	_____
Referees	_____

Type
- ☐ Traditional
- ☐ Unified

Sex
- ☐ Men
- ☐ Women

Age Group
- ☐ Youth
- ☐ Junior
- ☐ Senior
- ☐ Master
- ☐ Senior Master

Division
- ☐ 1   ☐ 5
- ☐ 2   ☐ 6
- ☐ 3   ☐ 7
- ☐ 4   ☐ 8

VISITORS _____

Uniform Color _____

Team Fouls:
1st Half | 1 2 3 4 5 6 | 7 8 9 | 10 + |
2nd Half | 1 2 3 4 5 6 | 7 8 9 | 10 + |
1 + 1   2 Shots

Time Outs: 60 Secs | 1 2 3 |
30 Secs | 1 2 |

No.	U	Player	Fouls					1st	2nd	3rd	4th
								SCORING: 3 = 3 point goal 2 = 2 point goal			
								• = FT Made ○ = FT missed			
			1	2	3	4	5				
			1	2	3	4	5				
			1	2	3	4	5				
			1	2	3	4	5				
			1	2	3	4	5				
			1	2	3	4	5				
			1	2	3	4	5				
			1	2	3	4	5				
			1	2	3	4	5				
			1	2	3	4	5				
			1	2	3	4	5				
			1	2	3	4	5				

FINAL SCORE: _____   Quarter Total

Running Score

1	29	57
2	30	58
3	31	59
4	32	60
5	33	61
6	34	62
7	35	63
8	36	64
9	37	65
10	38	66
11	39	67
12	40	68
13	41	69
14	42	70
15	43	71
16	44	72
17	45	73
18	46	74
19	47	75
20	48	76
21	49	77
22	50	78
23	51	79
24	52	80
25	53	81
26	54	82
27	55	83
28	56	84

Alternating Possession H V H V H V H V H V H V H V H V H V H V H V H V

Defensive Warning ☐☐

HOME _____

Uniform Color _____

Team Fouls:
1st Half | 1 2 3 4 5 6 | 7 8 9 | 10 + |
2nd Half | 1 2 3 4 5 6 | 7 8 9 | 10 + |
1 + 1   2 Shots

Time Outs: 60 Secs | 1 2 3 |
30 Secs | 1 2 |

No.	U	Player	Fouls					1st	2nd	3rd	4th
								SCORING: 3 = 3 point goal 2 = 2 point goal			
								• = FT Made ○ = FT missed			
			1	2	3	4	5				
			1	2	3	4	5				
			1	2	3	4	5				
			1	2	3	4	5				
			1	2	3	4	5				
			1	2	3	4	5				
			1	2	3	4	5				
			1	2	3	4	5				
			1	2	3	4	5				
			1	2	3	4	5				
			1	2	3	4	5				
			1	2	3	4	5				

_____   Quarter Total

Running Score

1	29	57
2	30	58
3	31	59
4	32	60
5	33	61
6	34	62
7	35	63
8	36	64
9	37	65
10	38	66
11	39	67
12	40	68
13	41	69
14	42	70
15	43	71
16	44	72
17	45	73
18	46	74
19	47	75
20	48	76
21	49	77
22	50	78
23	51	79
24	52	80
25	53	81
26	54	82
27	55	83
28	56	84

BASKETBALL SCORE SHEET

Date _____

Game Time _____

Site _____

Court # _____

Referees _____

Type
- ☐ Traditional
- ☐ Unified

Sex
- ☐ Men
- ☐ Women

Age Group
- ☐ Youth
- ☐ Junior
- ☐ Senior
- ☐ Master
- ☐ Senior Master

Division
- ☐ 1   ☐ 5
- ☐ 2   ☐ 6
- ☐ 3   ☐ 7
- ☐ 4   ☐ 8

VISITORS _____

Uniform Color _____

Team Fouls:

1st Half | 1 2 3 4 5 6 | 7 8 9 | 10 +

2nd Half | 1 2 3 4 5 6 | 7 8 9 | 10 +

1 + 1   2 Shots

Time Outs: 60 Secs | 1 2 3

30 Secs | 1 2

No.	U	Player	Fouls					SCORING: 3 = 3 point goal 2 = 2 point goal ● = FT Made ○ = FT missed			
								1st	2nd	3rd	4th
			1	2	3	4	5				
			1	2	3	4	5				
			1	2	3	4	5				
			1	2	3	4	5				
			1	2	3	4	5				
			1	2	3	4	5				
			1	2	3	4	5				
			1	2	3	4	5				
			1	2	3	4	5				
			1	2	3	4	5				
			1	2	3	4	5				
			1	2	3	4	5				

FINAL SCORE: _____   Quarter Total

Running Score

1	29	57
2	30	58
3	31	59
4	32	60
5	33	61
6	34	62
7	35	63
8	36	64
9	37	65
10	38	66
11	39	67
12	40	68
13	41	69
14	42	70
15	43	71
16	44	72
17	45	73
18	46	74
19	47	75
20	48	76
21	49	77
22	50	78
23	51	79
24	52	80
25	53	81
26	54	82
27	55	83
28	56	84

Alternating Possession | H V H V H V H V H V H V H V H V H V H V H V H V

Defensive Warning ☐☐

HOME _____

Uniform Color _____

Team Fouls:

1st Half | 1 2 3 4 5 6 | 7 8 9 | 10 +

2nd Half | 1 2 3 4 5 6 | 7 8 9 | 10 +

1 + 1   2 Shots

Time Outs: 60 Secs | 1 2 3

30 Secs | 1 2

No.	U	Player	Fouls					SCORING: 3 = 3 point goal 2 = 2 point goal ● = FT Made ○ = FT missed			
								1st	2nd	3rd	4th
			1	2	3	4	5				
			1	2	3	4	5				
			1	2	3	4	5				
			1	2	3	4	5				
			1	2	3	4	5				
			1	2	3	4	5				
			1	2	3	4	5				
			1	2	3	4	5				
			1	2	3	4	5				
			1	2	3	4	5				
			1	2	3	4	5				
			1	2	3	4	5				

_____   Quarter Total

Running Score

1	29	57
2	30	58
3	31	59
4	32	60
5	33	61
6	34	62
7	35	63
8	36	64
9	37	65
10	38	66
11	39	67
12	40	68
13	41	69
14	42	70
15	43	71
16	44	72
17	45	73
18	46	74
19	47	75
20	48	76
21	49	77
22	50	78
23	51	79
24	52	80
25	53	81
26	54	82
27	55	83
28	56	84

BASKETBALL SCORE SHEET

Date _____

Game Time _____

Site _____

Court # _____

Referees _____

Type
- ☐ Traditional
- ☐ Unified

Sex
- ☐ Men
- ☐ Women

Age Group
- ☐ Youth
- ☐ Junior
- ☐ Senior
- ☐ Master
- ☐ Senior Master

Division
- ☐ 1
- ☐ 2
- ☐ 3
- ☐ 4
- ☐ 5
- ☐ 6
- ☐ 7
- ☐ 8

VISITORS _____   **Uniform Color** _____

Team Fouls:

1st Half | 1 | 2 | 3 | 4 | 5 | 6 | | 7 | 8 | 9 | | 10 | +

2nd Half | 1 | 2 | 3 | 4 | 5 | 6 | | 7 | 8 | 9 | | 10 | +

1 + 1   2 Shots

Time Outs: 60 Secs | 1 | 2 | 3

30 Secs | 1 | 2

Running Score

1	29	57
2	30	58
3	31	59
4	32	60
5	33	61
6	34	62
7	35	63
8	36	64
9	37	65
10	38	66
11	39	67
12	40	68
13	41	69
14	42	70
15	43	71
16	44	72
17	45	73
18	46	74
19	47	75
20	48	76
21	49	77
22	50	78
23	51	79
24	52	80
25	53	81
26	54	82
27	55	83
28	56	84

SCORING: 3 = 3 point goal 2 = 2 point goal
● = FT Made   ○ = FT missed

No.	U	Player	Fouls					1st	2nd	3rd	4th
			1	2	3	4	5				
			1	2	3	4	5				
			1	2	3	4	5				
			1	2	3	4	5				
			1	2	3	4	5				
			1	2	3	4	5				
			1	2	3	4	5				
			1	2	3	4	5				
			1	2	3	4	5				
			1	2	3	4	5				
			1	2	3	4	5				
			1	2	3	4	5				

FINAL SCORE: _____   Quarter Total

Alternating Possession | H | V | H | V | H | V | H | V | H | V | H | V | H | V | H | V | H | V | H | V | H | V | H | V

Defensive Warning | | |

HOME _____   **Uniform Color** _____

Team Fouls:

1st Half | 1 | 2 | 3 | 4 | 5 | 6 | | 7 | 8 | 9 | | 10 | +

2nd Half | 1 | 2 | 3 | 4 | 5 | 6 | | 7 | 8 | 9 | | 10 | +

1 + 1   2 Shots

Time Outs: 60 Secs | 1 | 2 | 3

30 Secs | 1 | 2

Running Score

1	29	57
2	30	58
3	31	59
4	32	60
5	33	61
6	34	62
7	35	63
8	36	64
9	37	65
10	38	66
11	39	67
12	40	68
13	41	69
14	42	70
15	43	71
16	44	72
17	45	73
18	46	74
19	47	75
20	48	76
21	49	77
22	50	78
23	51	79
24	52	80
25	53	81
26	54	82
27	55	83
28	56	84

SCORING: 3 = 3 point goal 2 = 2 point goal
● = FT Made   ○ = FT missed

No.	U	Player	Fouls					1st	2nd	3rd	4th
			1	2	3	4	5				
			1	2	3	4	5				
			1	2	3	4	5				
			1	2	3	4	5				
			1	2	3	4	5				
			1	2	3	4	5				
			1	2	3	4	5				
			1	2	3	4	5				
			1	2	3	4	5				
			1	2	3	4	5				
			1	2	3	4	5				
			1	2	3	4	5				

_____   Quarter Total

BASKETBALL SCORE SHEET

Date _____

Game Time _____

Site _____

Court # _____

Referees _____

Type
- ☐ Traditional
- ☐ Unified

Sex
- ☐ Men
- ☐ Women

Age Group
- ☐ Youth
- ☐ Junior
- ☐ Senior
- ☐ Master
- ☐ Senior Master

Division
- ☐ 1   ☐ 5
- ☐ 2   ☐ 6
- ☐ 3   ☐ 7
- ☐ 4   ☐ 8

VISITORS _____

Uniform Color _____

Team Fouls:

1st Half: | 1 | 2 | 3 | 4 | 5 | 6 | | 7 | 8 | 9 | | 10 | + |

2nd Half: | 1 | 2 | 3 | 4 | 5 | 6 | | 7 | 8 | 9 | | 10 | + |

1 + 1   2 Shots

Time Outs: 60 Secs | 1 | 2 | 3 |

30 Secs | 1 | 2 |

Running Score

1	29	57			
2	30	58			
3	31	59			
4	32	60			
5	33	61			
6	34	62			
7	35	63			
8	36	64			
9	37	65			
10	38	66			
11	39	67			
12	40	68			
13	41	69			
14	42	70			
15	43	71			
16	44	72			
17	45	73			
18	46	74			
19	47	75			
20	48	76			
21	49	77			
22	50	78			
23	51	79			
24	52	80			
25	53	81			
26	54	82			
27	55	83			
28	56	84			

SCORING: 3 = 3 point goal   2 = 2 point goal
● = FT Made   O = FT missed

No.	U	Player	Fouls					1st	2nd	3rd	4th
			1	2	3	4	5				
			1	2	3	4	5				
			1	2	3	4	5				
			1	2	3	4	5				
			1	2	3	4	5				
			1	2	3	4	5				
			1	2	3	4	5				
			1	2	3	4	5				
			1	2	3	4	5				
			1	2	3	4	5				
			1	2	3	4	5				
			1	2	3	4	5				
			1	2	3	4	5				

FINAL SCORE: _____   **Quarter Total**

Alternating Possession | H | V | H | V | H | V | H | V | H | V | H | V | H | V | H | V | H | V | H | V | H | V | H | V |

Defensive Warning ☐ ☐

HOME _____

Uniform Color _____

Team Fouls:

1st Half: | 1 | 2 | 3 | 4 | 5 | 6 | | 7 | 8 | 9 | | 10 | + |

2nd Half: | 1 | 2 | 3 | 4 | 5 | 6 | | 7 | 8 | 9 | | 10 | + |

1 + 1   2 Shots

Time Outs: 60 Secs | 1 | 2 | 3 |

30 Secs | 1 | 2 |

Running Score

1	29	57			
2	30	58			
3	31	59			
4	32	60			
5	33	61			
6	34	62			
7	35	63			
8	36	64			
9	37	65			
10	38	66			
11	39	67			
12	40	68			
13	41	69			
14	42	70			
15	43	71			
16	44	72			
17	45	73			
18	46	74			
19	47	75			
20	48	76			
21	49	77			
22	50	78			
23	51	79			
24	52	80			
25	53	81			
26	54	82			
27	55	83			
28	56	84			

SCORING: 3 = 3 point goal   2 = 2 point goal
● = FT Made   o = FT missed

No.	U	Player	Fouls					1st	2nd	3rd	4th
			1	2	3	4	5				
			1	2	3	4	5				
			1	2	3	4	5				
			1	2	3	4	5				
			1	2	3	4	5				
			1	2	3	4	5				
			1	2	3	4	5				
			1	2	3	4	5				
			1	2	3	4	5				
			1	2	3	4	5				
			1	2	3	4	5				
			1	2	3	4	5				

_____   **Quarter Total**

BASKETBALL SCORE SHEET

Date _____

Game Time _____

Site _____

Court # _____

Referees _____

Type
- ☐ Traditional
- ☐ Unified

Sex
- ☐ Men
- ☐ Women

Age Group
- ☐ Youth
- ☐ Junior
- ☐ Senior
- ☐ Master
- ☐ Senior Master

Division
- ☐ 1   ☐ 5
- ☐ 2   ☐ 6
- ☐ 3   ☐ 7
- ☐ 4   ☐ 8

Running Score		
1	29	57
2	30	58
3	31	59
4	32	60
5	33	61
6	34	62
7	35	63
8	36	64
9	37	65
10	38	66
11	39	67
12	40	68
13	41	69
14	42	70
15	43	71
16	44	72
17	45	73
18	46	74
19	47	75
20	48	76
21	49	77
22	50	78
23	51	79
24	52	80
25	53	81
26	54	82
27	55	83
28	56	84

VISITORS _____

Uniform Color _____

Team Fouls:
1st Half | 1 | 2 | 3 | 4 | 5 | 6 | | 7 | 8 | 9 | | 10 | + |
2nd Half | 1 | 2 | 3 | 4 | 5 | 6 | | 7 | 8 | 9 | | 10 | + |
1 + 1   2 Shots

Time Outs: 60 Secs | 1 | 2 | 3 |
30 Secs | 1 | 2 |

SCORING: 3 = 3 point goal   2 = 2 point goal
● = FT Made   ○ = FT missed

No.	U	Player	Fouls					1st	2nd	3rd	4th
			1	2	3	4	5				
			1	2	3	4	5				
			1	2	3	4	5				
			1	2	3	4	5				
			1	2	3	4	5				
			1	2	3	4	5				
			1	2	3	4	5				
			1	2	3	4	5				
			1	2	3	4	5				
			1	2	3	4	5				
			1	2	3	4	5				

FINAL SCORE: _____   Quarter Total

Alternating Possession | H | V | H | V | H | V | H | V | H | V | H | V | H | V | H | V | H | V | H | V | H | V | H | V |

Defensive Warning | | |

Running Score		
1	29	57
2	30	58
3	31	59
4	32	60
5	33	61
6	34	62
7	35	63
8	36	64
9	37	65
10	38	66
11	39	67
12	40	68
13	41	69
14	42	70
15	43	71
16	44	72
17	45	73
18	46	74
19	47	75
20	48	76
21	49	77
22	50	78
23	51	79
24	52	80
25	53	81
26	54	82
27	55	83
28	56	84

HOME _____

Uniform Color _____

Team Fouls:
1st Half | 1 | 2 | 3 | 4 | 5 | 6 | | 7 | 8 | 9 | | 10 | + |
2nd Half | 1 | 2 | 3 | 4 | 5 | 6 | | 7 | 8 | 9 | | 10 | + |
1 + 1   2 Shots

Time Outs: 60 Secs | 1 | 2 | 3 |
30 Secs | 1 | 2 |

SCORING: 3 = 3 point goal   2 = 2 point goal
● = FT Made   ○ = FT missed

No.	U	Player	Fouls					1st	2nd	3rd	4th
			1	2	3	4	5				
			1	2	3	4	5				
			1	2	3	4	5				
			1	2	3	4	5				
			1	2	3	4	5				
			1	2	3	4	5				
			1	2	3	4	5				
			1	2	3	4	5				
			1	2	3	4	5				
			1	2	3	4	5				
			1	2	3	4	5				

_____   Quarter Total

BASKETBALL SCORE SHEET

Date	_____
Game Time	_____
Site	_____
Court #	_____
Referees	_____

Type
- ☐ Traditional
- ☐ Unified

Sex
- ☐ Men
- ☐ Women

Age Group
- ☐ Youth
- ☐ Junior
- ☐ Senior
- ☐ Master
- ☐ Senior Master

Division
- ☐ 1
- ☐ 2
- ☐ 3
- ☐ 4
- ☐ 5
- ☐ 6
- ☐ 7
- ☐ 8

VISITORS _____

Uniform Color _____

Team Fouls:
1st Half: | 1 | 2 | 3 | 4 | 5 | 6 | | 7 | 8 | 9 | | 10 | + |
2nd Half: | 1 | 2 | 3 | 4 | 5 | 6 | | 7 | 8 | 9 | | 10 | + |

1 + 1   2 Shots

Time Outs: 60 Secs | 1 | 2 | 3 |
30 Secs | 1 | 2 |

Running Score

1	29	57
2	30	58
3	31	59
4	32	60
5	33	61
6	34	62
7	35	63
8	36	64
9	37	65
10	38	66
11	39	67
12	40	68
13	41	69
14	42	70
15	43	71
16	44	72
17	45	73
18	46	74
19	47	75
20	48	76
21	49	77
22	50	78
23	51	79
24	52	80
25	53	81
26	54	82
27	55	83
28	56	84

SCORING: 3 = 3 point goal 2 = 2 point goal
• = FT Made   ○ = FT missed

No.	U	Player	Fouls					1st	2nd	3rd	4th
			1	2	3	4	5				
			1	2	3	4	5				
			1	2	3	4	5				
			1	2	3	4	5				
			1	2	3	4	5				
			1	2	3	4	5				
			1	2	3	4	5				
			1	2	3	4	5				
			1	2	3	4	5				
			1	2	3	4	5				
			1	2	3	4	5				
			1	2	3	4	5				
			1	2	3	4	5				

FINAL SCORE: _____   Quarter Total

Alternating Possession | H | V | H | V | H | V | H | V | H | V | H | V | H | V | H | V | H | V | H | V | H | V | H | V |

Defensive Warning | | |

HOME _____

Uniform Color _____

Team Fouls:
1st Half: | 1 | 2 | 3 | 4 | 5 | 6 | | 7 | 8 | 9 | | 10 | + |
2nd Half: | 1 | 2 | 3 | 4 | 5 | 6 | | 7 | 8 | 9 | | 10 | + |

1 + 1   2 Shots

Time Outs: 60 Secs | 1 | 2 | 3 |
30 Secs | 1 | 2 |

Running Score

1	29	57
2	30	58
3	31	59
4	32	60
5	33	61
6	34	62
7	35	63
8	36	64
9	37	65
10	38	66
11	39	67
12	40	68
13	41	69
14	42	70
15	43	71
16	44	72
17	45	73
18	46	74
19	47	75
20	48	76
21	49	77
22	50	78
23	51	79
24	52	80
25	53	81
26	54	82
27	55	83
28	56	84

SCORING: 3 = 3 point goal 2 = 2 point goal
• = FT Made   ○ = FT missed

No.	U	Player	Fouls					1st	2nd	3rd	4th
			1	2	3	4	5				
			1	2	3	4	5				
			1	2	3	4	5				
			1	2	3	4	5				
			1	2	3	4	5				
			1	2	3	4	5				
			1	2	3	4	5				
			1	2	3	4	5				
			1	2	3	4	5				
			1	2	3	4	5				
			1	2	3	4	5				
			1	2	3	4	5				
			1	2	3	4	5				

_____   Quarter Total

BASKETBALL SCORE SHEET

Date _____

Game Time _____

Site _____

Court # _____

Referees _____

Type
- ☐ Traditional
- ☐ Unified

Sex
- ☐ Men
- ☐ Women

Age Group
- ☐ Youth
- ☐ Junior
- ☐ Senior
- ☐ Master
- ☐ Senior Master

Division
- ☐ 1 ☐ 5
- ☐ 2 ☐ 6
- ☐ 3 ☐ 7
- ☐ 4 ☐ 8

VISITORS _____

Uniform Color _____

Team Fouls: 1st Half | 1 2 3 4 5 6 | 7 8 9 | 10 +

2nd Half | 1 2 3 4 5 6 | 7 8 9 | 10 +

1 + 1 | 2 Shots

Time Outs: 60 Secs | 1 2 3

30 Secs | 1 2

No.	U	Player	Fouls					SCORING: 3 = 3 point goal 2 = 2 point goal ● = FT Made ○ = FT missed			
								1st	2nd	3rd	4th
			1	2	3	4	5				
			1	2	3	4	5				
			1	2	3	4	5				
			1	2	3	4	5				
			1	2	3	4	5				
			1	2	3	4	5				
			1	2	3	4	5				
			1	2	3	4	5				
			1	2	3	4	5				
			1	2	3	4	5				
			1	2	3	4	5				
			1	2	3	4	5				

FINAL SCORE: _____   Quarter Total

Running Score

1	29	57
2	30	58
3	31	59
4	32	60
5	33	61
6	34	62
7	35	63
8	36	64
9	37	65
10	38	66
11	39	67
12	40	68
13	41	69
14	42	70
15	43	71
16	44	72
17	45	73
18	46	74
19	47	75
20	48	76
21	49	77
22	50	78
23	51	79
24	52	80
25	53	81
26	54	82
27	55	83
28	56	84

Alternating Possession | H V H V H V H V H V H V H V H V H V H V H V H V

Defensive Warning ☐ ☐

HOME _____

Uniform Color _____

Team Fouls: 1st Half | 1 2 3 4 5 6 | 7 8 9 | 10 +

2nd Half | 1 2 3 4 5 6 | 7 8 9 | 10 +

1 + 1 | 2 Shots

Time Outs: 60 Secs | 1 2 3

30 Secs | 1 2

No.	U	Player	Fouls					SCORING: 3 = 3 point goal 2 = 2 point goal ● = FT Made ○ = FT missed			
								1st	2nd	3rd	4th
			1	2	3	4	5				
			1	2	3	4	5				
			1	2	3	4	5				
			1	2	3	4	5				
			1	2	3	4	5				
			1	2	3	4	5				
			1	2	3	4	5				
			1	2	3	4	5				
			1	2	3	4	5				
			1	2	3	4	5				
			1	2	3	4	5				
			1	2	3	4	5				

_____   Quarter Total

Running Score

1	29	57
2	30	58
3	31	59
4	32	60
5	33	61
6	34	62
7	35	63
8	36	64
9	37	65
10	38	66
11	39	67
12	40	68
13	41	69
14	42	70
15	43	71
16	44	72
17	45	73
18	46	74
19	47	75
20	48	76
21	49	77
22	50	78
23	51	79
24	52	80
25	53	81
26	54	82
27	55	83
28	56	84

BASKETBALL SCORE SHEET

Date	_____
Game Time	_____
Site	_____
Court #	_____
Referees	_____

Type
- ☐ Traditional
- ☐ Unified

Sex
- ☐ Men
- ☐ Women

Age Group
- ☐ Youth
- ☐ Junior
- ☐ Senior
- ☐ Master
- ☐ Senior Master

Division
- ☐ 1 ☐ 5
- ☐ 2 ☐ 6
- ☐ 3 ☐ 7
- ☐ 4 ☐ 8

VISITORS _____

Uniform Color _____

Team Fouls:

1st Half | 1 2 3 4 5 6 | 7 8 9 | 10 + |

2nd Half | 1 2 3 4 5 6 | 7 8 9 | 10 + |

1 + 1   2 Shots

Time Outs: 60 Secs | 1 2 3 |
30 Secs | 1 2 |

No.	U	Player	Fouls					SCORING: 3 = 3 point goal 2 = 2 point goal ● = FT Made O = FT missed			
								1st	2nd	3rd	4th
			1	2	3	4	5				
			1	2	3	4	5				
			1	2	3	4	5				
			1	2	3	4	5				
			1	2	3	4	5				
			1	2	3	4	5				
			1	2	3	4	5				
			1	2	3	4	5				
			1	2	3	4	5				
			1	2	3	4	5				
			1	2	3	4	5				
			1	2	3	4	5				

FINAL SCORE: _____   Quarter Total

Running Score (Visitors)

1		29	57
2		30	58
3		31	59
4		32	60
5		33	61
6		34	62
7		35	63
8		36	64
9		37	65
10		38	66
11		39	67
12		40	68
13		41	69
14		42	70
15		43	71
16		44	72
17		45	73
18		46	74
19		47	75
20		48	76
21		49	77
22		50	78
23		51	79
24		52	80
25		53	81
26		54	82
27		55	83
28		56	84

Alternating Possession | H V H V H V H V H V H V H V H V H V H V H V H V H V

Defensive Warning ☐ ☐

HOME _____

Uniform Color _____

Team Fouls:

1st Half | 1 2 3 4 5 6 | 7 8 9 | 10 + |

2nd Half | 1 2 3 4 5 6 | 7 8 9 | 10 + |

1 + 1   2 Shots

Time Outs: 60 Secs | 1 2 3 |
30 Secs | 1 2 |

No.	U	Player	Fouls					SCORING: 3 = 3 point goal 2 = 2 point goal ● = FT Made o = FT missed			
								1st	2nd	3rd	4th
			1	2	3	4	5				
			1	2	3	4	5				
			1	2	3	4	5				
			1	2	3	4	5				
			1	2	3	4	5				
			1	2	3	4	5				
			1	2	3	4	5				
			1	2	3	4	5				
			1	2	3	4	5				
			1	2	3	4	5				
			1	2	3	4	5				
			1	2	3	4	5				

_____   Quarter Total

Running Score (Home)

1		29	57
2		30	58
3		31	59
4		32	60
5		33	61
6		34	62
7		35	63
8		36	64
9		37	65
10		38	66
11		39	67
12		40	68
13		41	69
14		42	70
15		43	71
16		44	72
17		45	73
18		46	74
19		47	75
20		48	76
21		49	77
22		50	78
23		51	79
24		52	80
25		53	81
26		54	82
27		55	83
28		56	84

BASKETBALL SCORE SHEET

		Type	Age Group	Division

Date _____

Game Time _____

Site _____

Court # _____

Referees _____

Type
- ☐ Traditional
- ☐ Unified

Sex
- ☐ Men
- ☐ Women

Age Group
- ☐ Youth
- ☐ Junior
- ☐ Senior
- ☐ Master
- ☐ Senior Master

Division
- ☐ 1 ☐ 5
- ☐ 2 ☐ 6
- ☐ 3 ☐ 7
- ☐ 4 ☐ 8

VISITORS _____

Uniform Color _____

Team Fouls:
1st Half | 1 2 3 4 5 6 | 7 8 9 | 10 + |
2nd Half | 1 2 3 4 5 6 | 7 8 9 | 10 + |
1 + 1   2 Shots

Time Outs: 60 Secs | 1 2 3 |
30 Secs | 1 2 |

No.	U	Player	Fouls	SCORING: 3 = 3 point goal 2 = 2 point goal ● = FT Made O = FT missed			
				1st	2nd	3rd	4th
			1 2 3 4 5				
			1 2 3 4 5				
			1 2 3 4 5				
			1 2 3 4 5				
			1 2 3 4 5				
			1 2 3 4 5				
			1 2 3 4 5				
			1 2 3 4 5				
			1 2 3 4 5				
			1 2 3 4 5				
			1 2 3 4 5				
			1 2 3 4 5				

FINAL SCORE: _____   Quarter Total

Running Score

1	29	57
2	30	58
3	31	59
4	32	60
5	33	61
6	34	62
7	35	63
8	36	64
9	37	65
10	38	66
11	39	67
12	40	68
13	41	69
14	42	70
15	43	71
16	44	72
17	45	73
18	46	74
19	47	75
20	48	76
21	49	77
22	50	78
23	51	79
24	52	80
25	53	81
26	54	82
27	55	83
28	56	84

Alternating Possession | H V H V H V H V H V H V H V H V H V H V H V H V H V H V |

Defensive Warning | |

HOME _____

Uniform Color _____

Team Fouls:
1st Half | 1 2 3 4 5 6 | 7 8 9 | 10 + |
2nd Half | 1 2 3 4 5 6 | 7 8 9 | 10 + |
1 + 1   2 Shots

Time Outs: 60 Secs | 1 2 3 |
30 Secs | 1 2 |

No.	U	Player	Fouls	SCORING: 3 = 3 point goal 2 = 2 point goal ● = FT Made o = FT missed			
				1st	2nd	3rd	4th
			1 2 3 4 5				
			1 2 3 4 5				
			1 2 3 4 5				
			1 2 3 4 5				
			1 2 3 4 5				
			1 2 3 4 5				
			1 2 3 4 5				
			1 2 3 4 5				
			1 2 3 4 5				
			1 2 3 4 5				
			1 2 3 4 5				
			1 2 3 4 5				

_____   Quarter Total

Running Score

1	29	57
2	30	58
3	31	59
4	32	60
5	33	61
6	34	62
7	35	63
8	36	64
9	37	65
10	38	66
11	39	67
12	40	68
13	41	69
14	42	70
15	43	71
16	44	72
17	45	73
18	46	74
19	47	75
20	48	76
21	49	77
22	50	78
23	51	79
24	52	80
25	53	81
26	54	82
27	55	83
28	56	84

BASKETBALL SCORE SHEET

Date _____

Game Time _____

Site _____

Court # _____

Referees _____

Type
- ☐ Traditional
- ☐ Unified

Sex
- ☐ Men
- ☐ Women

Age Group
- ☐ Youth
- ☐ Junior
- ☐ Senior
- ☐ Master
- ☐ Senior Master

Division
- ☐ 1
- ☐ 2
- ☐ 3
- ☐ 4
- ☐ 5
- ☐ 6
- ☐ 7
- ☐ 8

VISITORS _____

Uniform Color _____

Team Fouls:

1st Half | 1 2 3 4 5 6 | 7 8 9 | 10 +

2nd Half | 1 2 3 4 5 6 | 7 8 9 | 10 +

1 + 1   2 Shots

Time Outs: 60 Secs | 1 2 3

30 Secs | 1 2

No.	U	Player	Fouls					SCORING: 3 = 3 point goal 2 = 2 point goal ● = FT Made ○ = FT missed			
								1st	2nd	3rd	4th
			1	2	3	4	5				
			1	2	3	4	5				
			1	2	3	4	5				
			1	2	3	4	5				
			1	2	3	4	5				
			1	2	3	4	5				
			1	2	3	4	5				
			1	2	3	4	5				
			1	2	3	4	5				
			1	2	3	4	5				
			1	2	3	4	5				
			1	2	3	4	5				

FINAL SCORE: _____   Quarter Total

Running Score

1	29	57
2	30	58
3	31	59
4	32	60
5	33	61
6	34	62
7	35	63
8	36	64
9	37	65
10	38	66
11	39	67
12	40	68
13	41	69
14	42	70
15	43	71
16	44	72
17	45	73
18	46	74
19	47	75
20	48	76
21	49	77
22	50	78
23	51	79
24	52	80
25	53	81
26	54	82
27	55	83
28	56	84

Alternating Possession | H V H V H V H V H V H V H V H V H V H V H V H V

Defensive Warning ☐ ☐

HOME _____

Uniform Color _____

Team Fouls:

1st Half | 1 2 3 4 5 6 | 7 8 9 | 10 +

2nd Half | 1 2 3 4 5 6 | 7 8 9 | 10 +

1 + 1   2 Shots

Time Outs: 60 Secs | 1 2 3

30 Secs | 1 2

No.	U	Player	Fouls					SCORING: 3 = 3 point goal 2 = 2 point goal ● = FT Made ○ = FT missed			
								1st	2nd	3rd	4th
			1	2	3	4	5				
			1	2	3	4	5				
			1	2	3	4	5				
			1	2	3	4	5				
			1	2	3	4	5				
			1	2	3	4	5				
			1	2	3	4	5				
			1	2	3	4	5				
			1	2	3	4	5				
			1	2	3	4	5				
			1	2	3	4	5				
			1	2	3	4	5				

_____   Quarter Total

Running Score

1	29	57
2	30	58
3	31	59
4	32	60
5	33	61
6	34	62
7	35	63
8	36	64
9	37	65
10	38	66
11	39	67
12	40	68
13	41	69
14	42	70
15	43	71
16	44	72
17	45	73
18	46	74
19	47	75
20	48	76
21	49	77
22	50	78
23	51	79
24	52	80
25	53	81
26	54	82
27	55	83
28	56	84

BASKETBALL SCORE SHEET

Date	_____
Game Time	_____
Site	_____
Court #	_____
Referees	_____

Type
☐ Traditional
☐ Unified

Sex
☐ Men
☐ Women

Age Group
☐ Youth
☐ Junior
☐ Senior
☐ Master
☐ Senior Master

Division
☐ 1 ☐ 5
☐ 2 ☐ 6
☐ 3 ☐ 7
☐ 4 ☐ 8

VISITORS _____ **Uniform Color** _____

Team Fouls:
1st Half | 1 2 3 4 5 6 | 7 8 9 | 10 + |
2nd Half | 1 2 3 4 5 6 | 7 8 9 | 10 + |
1 + 1   2 Shots

Time Outs: 60 Secs | 1 2 3 |
30 Secs | 1 2 |

No.	U	Player	Fouls					SCORING: 3 = 3 point goal 2 = 2 point goal ● = FT Made ○ = FT missed			
								1st	2nd	3rd	4th
			1	2	3	4	5				
			1	2	3	4	5				
			1	2	3	4	5				
			1	2	3	4	5				
			1	2	3	4	5				
			1	2	3	4	5				
			1	2	3	4	5				
			1	2	3	4	5				
			1	2	3	4	5				
			1	2	3	4	5				
			1	2	3	4	5				
			1	2	3	4	5				

FINAL SCORE: _____   Quarter Total

Running Score

1	29	57
2	30	58
3	31	59
4	32	60
5	33	61
6	34	62
7	35	63
8	36	64
9	37	65
10	38	66
11	39	67
12	40	68
13	41	69
14	42	70
15	43	71
16	44	72
17	45	73
18	46	74
19	47	75
20	48	76
21	49	77
22	50	78
23	51	79
24	52	80
25	53	81
26	54	82
27	55	83
28	56	84

Alternating Possession H V H V H V H V H V H V H V H V H V H V H V H V H V

Defensive Warning ☐☐

HOME _____ **Uniform Color** _____

Team Fouls:
1st Half | 1 2 3 4 5 6 | 7 8 9 | 10 + |
2nd Half | 1 2 3 4 5 6 | 7 8 9 | 10 + |
1 + 1   2 Shots

Time Outs: 60 Secs | 1 2 3 |
30 Secs | 1 2 |

No.	U	Player	Fouls					SCORING: 3 = 3 point goal 2 = 2 point goal ● = FT Made ○ = FT missed			
								1st	2nd	3rd	4th
			1	2	3	4	5				
			1	2	3	4	5				
			1	2	3	4	5				
			1	2	3	4	5				
			1	2	3	4	5				
			1	2	3	4	5				
			1	2	3	4	5				
			1	2	3	4	5				
			1	2	3	4	5				
			1	2	3	4	5				
			1	2	3	4	5				
			1	2	3	4	5				

_____   Quarter Total

Running Score

1	29	57
2	30	58
3	31	59
4	32	60
5	33	61
6	34	62
7	35	63
8	36	64
9	37	65
10	38	66
11	39	67
12	40	68
13	41	69
14	42	70
15	43	71
16	44	72
17	45	73
18	46	74
19	47	75
20	48	76
21	49	77
22	50	78
23	51	79
24	52	80
25	53	81
26	54	82
27	55	83
28	56	84

BASKETBALL SCORE SHEET

	Type	Age Group	Division
Date _____	☐ Traditional	☐ Youth	☐ 1 ☐ 5
Game Time _____	☐ Unified	☐ Junior	☐ 2 ☐ 6
Site _____	**Sex**	☐ Senior	☐ 3 ☐ 7
Court # _____	☐ Men	☐ Master	☐ 4 ☐ 8
Referees _____	☐ Women	☐ Senior Master	

Running Score

1	29	57
2	30	58
3	31	59
4	32	60
5	33	61
6	34	62
7	35	63
8	36	64
9	37	65
10	38	66
11	39	67
12	40	68
13	41	69
14	42	70
15	43	71
16	44	72
17	45	73
18	46	74
19	47	75
20	48	76
21	49	77
22	50	78
23	51	79
24	52	80
25	53	81
26	54	82
27	55	83
28	56	84

VISITORS _____ Uniform Color _____

Team Fouls:
1st Half: [1 2 3 4 5 6] [7 8 9] [10 +]
2nd Half: [1 2 3 4 5 6] [7 8 9] [10 +]
1 + 1   2 Shots

Time Outs: 60 Secs [1 2 3]
30 Secs [1 2]

No.	U	Player	Fouls					SCORING: 3 = 3 point goal 2 = 2 point goal ● = FT Made O = FT missed			
								1st	2nd	3rd	4th
			1	2	3	4	5				
			1	2	3	4	5				
			1	2	3	4	5				
			1	2	3	4	5				
			1	2	3	4	5				
			1	2	3	4	5				
			1	2	3	4	5				
			1	2	3	4	5				
			1	2	3	4	5				
			1	2	3	4	5				
			1	2	3	4	5				
			1	2	3	4	5				

FINAL SCORE: _____   Quarter Total

Alternating Possession: [H V H V H V H V H V H V H V H V H V H V H V H V]

Defensive Warning [ ][ ]

Running Score

1	29	57
2	30	58
3	31	59
4	32	60
5	33	61
6	34	62
7	35	63
8	36	64
9	37	65
10	38	66
11	39	67
12	40	68
13	41	69
14	42	70
15	43	71
16	44	72
17	45	73
18	46	74
19	47	75
20	48	76
21	49	77
22	50	78
23	51	79
24	52	80
25	53	81
26	54	82
27	55	83
28	56	84

HOME _____ Uniform Color _____

Team Fouls:
1st Half: [1 2 3 4 5 6] [7 8 9] [10 +]
2nd Half: [1 2 3 4 5 6] [7 8 9] [10 +]
1 + 1   2 Shots

Time Outs: 60 Secs [1 2 3]
30 Secs [1 2]

No.	U	Player	Fouls					SCORING: 3 = 3 point goal 2 = 2 point goal ● = FT Made o = FT missed			
								1st	2nd	3rd	4th
			1	2	3	4	5				
			1	2	3	4	5				
			1	2	3	4	5				
			1	2	3	4	5				
			1	2	3	4	5				
			1	2	3	4	5				
			1	2	3	4	5				
			1	2	3	4	5				
			1	2	3	4	5				
			1	2	3	4	5				
			1	2	3	4	5				
			1	2	3	4	5				

_____   Quarter Total

BASKETBALL SCORE SHEET

	Type		Age Group		Division			
Date _____	☐	Traditional	☐	Youth	☐	1	☐	5
Game Time _____	☐	Unified	☐	Junior	☐	2	☐	6
Site _____	**Sex**		☐	Senior	☐	3	☐	7
Court # _____	☐	Men	☐	Master	☐	4	☐	8
Referees _____	☐	Women	☐	Senior Master				

Running Score

VISITORS _____ Uniform Color _____

Team Fouls:
1st Half | 1 2 3 4 5 6 | 7 8 9 | 10 + | Time Outs: 60 Secs | 1 2 3
2nd Half | 1 2 3 4 5 6 | 7 8 9 | 10 + | 30 Secs | 1 2

1 + 1   2 Shots

No.	U	Player	Fouls					SCORING: 3 = 3 point goal 2 = 2 point goal ● = FT Made ○ = FT missed			
								1st	2nd	3rd	4th
			1	2	3	4	5				
			1	2	3	4	5				
			1	2	3	4	5				
			1	2	3	4	5				
			1	2	3	4	5				
			1	2	3	4	5				
			1	2	3	4	5				
			1	2	3	4	5				
			1	2	3	4	5				
			1	2	3	4	5				
			1	2	3	4	5				
			1	2	3	4	5				

FINAL SCORE: _____   Quarter Total

1	29	57
2	30	58
3	31	59
4	32	60
5	33	61
6	34	62
7	35	63
8	36	64
9	37	65
10	38	66
11	39	67
12	40	68
13	41	69
14	42	70
15	43	71
16	44	72
17	45	73
18	46	74
19	47	75
20	48	76
21	49	77
22	50	78
23	51	79
24	52	80
25	53	81
26	54	82
27	55	83
28	56	84

Alternating Possession: H V H V H V H V H V H V H V H V H V H V H V H V

Defensive Warning: ☐ ☐

Running Score

HOME _____ Uniform Color _____

Team Fouls:
1st Half | 1 2 3 4 5 6 | 7 8 9 | 10 + | Time Outs: 60 Secs | 1 2 3
2nd Half | 1 2 3 4 5 6 | 7 8 9 | 10 + | 30 Secs | 1 2

1 + 1   2 Shots

No.	U	Player	Fouls					SCORING: 3 = 3 point goal 2 = 2 point goal ● = FT Made ○ = FT missed			
								1st	2nd	3rd	4th
			1	2	3	4	5				
			1	2	3	4	5				
			1	2	3	4	5				
			1	2	3	4	5				
			1	2	3	4	5				
			1	2	3	4	5				
			1	2	3	4	5				
			1	2	3	4	5				
			1	2	3	4	5				
			1	2	3	4	5				
			1	2	3	4	5				
			1	2	3	4	5				

_____   Quarter Total

1	29	57
2	30	58
3	31	59
4	32	60
5	33	61
6	34	62
7	35	63
8	36	64
9	37	65
10	38	66
11	39	67
12	40	68
13	41	69
14	42	70
15	43	71
16	44	72
17	45	73
18	46	74
19	47	75
20	48	76
21	49	77
22	50	78
23	51	79
24	52	80
25	53	81
26	54	82
27	55	83
28	56	84

BASKETBALL SCORE SHEET

Type		Age Group		Division			
☐ Traditional		☐ Youth		☐ 1		☐ 5	
☐ Unified		☐ Junior		☐ 2		☐ 6	
Sex		☐ Senior		☐ 3		☐ 7	
☐ Men		☐ Master		☐ 4		☐ 8	
☐ Women		☐ Senior Master					

Date _____
Game Time _____
Site _____
Court # _____
Referees _____

Running Score

1		29		57
2		30		58
3		31		59
4		32		60
5		33		61
6		34		62
7		35		63
8		36		64
9		37		65
10		38		66
11		39		67
12		40		68
13		41		69
14		42		70
15		43		71
16		44		72
17		45		73
18		46		74
19		47		75
20		48		76
21		49		77
22		50		78
23		51		79
24		52		80
25		53		81
26		54		82
27		55		83
28		56		84

VISITORS _____

Uniform Color _____

Team Fouls:
1st Half: 1 2 3 4 5 6   7 8 9   10 +
2nd Half: 1 2 3 4 5 6   7 8 9   10 +
1 + 1   2 Shots

Time Outs: 60 Secs 1 2 3
30 Secs 1 2

No.	U	Player	Fouls					SCORING: 3 = 3 point goal 2 = 2 point goal • = FT Made O = FT missed			
								1st	2nd	3rd	4th
			1	2	3	4	5				
			1	2	3	4	5				
			1	2	3	4	5				
			1	2	3	4	5				
			1	2	3	4	5				
			1	2	3	4	5				
			1	2	3	4	5				
			1	2	3	4	5				
			1	2	3	4	5				
			1	2	3	4	5				
			1	2	3	4	5				
			1	2	3	4	5				
			1	2	3	4	5				

FINAL SCORE: _____   Quarter Total

Alternating Possession: H V H V H V H V H V H V H V H V H V H V H V H V H V

Defensive Warning ☐ ☐

Running Score

1		29		57
2		30		58
3		31		59
4		32		60
5		33		61
6		34		62
7		35		63
8		36		64
9		37		65
10		38		66
11		39		67
12		40		68
13		41		69
14		42		70
15		43		71
16		44		72
17		45		73
18		46		74
19		47		75
20		48		76
21		49		77
22		50		78
23		51		79
24		52		80
25		53		81
26		54		82
27		55		83
28		56		84

HOME _____

Uniform Color _____

Team Fouls:
1st Half: 1 2 3 4 5 6   7 8 9   10 +
2nd Half: 1 2 3 4 5 6   7 8 9   10 +
1 + 1   2 Shots

Time Outs: 60 Secs 1 2 3
30 Secs 1 2

No.	U	Player	Fouls					SCORING: 3 = 3 point goal 2 = 2 point goal • = FT Made o = FT missed			
								1st	2nd	3rd	4th
			1	2	3	4	5				
			1	2	3	4	5				
			1	2	3	4	5				
			1	2	3	4	5				
			1	2	3	4	5				
			1	2	3	4	5				
			1	2	3	4	5				
			1	2	3	4	5				
			1	2	3	4	5				
			1	2	3	4	5				
			1	2	3	4	5				
			1	2	3	4	5				
			1	2	3	4	5				

_____   Quarter Total

BASKETBALL SCORE SHEET

	Type		**Age Group**		**Division**			
Date _____	☐	Traditional	☐	Youth	☐	1	☐	5
Game Time _____	☐	Unified	☐	Junior	☐	2	☐	6
Site _____	**Sex**		☐	Senior	☐	3	☐	7
Court # _____	☐	Men	☐	Master	☐	4	☐	8
Referees _____	☐	Women	☐	Senior Master				

VISITORS

VISITORS _____

Uniform Color _____

Team Fouls:	1st Half	1	2	3	4	5	6		7	8	9		10	+
	2nd Half	1	2	3	4	5	6		7	8	9		10	+

1 + 1   2 Shots

Time Outs: 60 Secs ☐ 1 ☐ 2 ☐ 3

30 Secs ☐ 1 ☐ 2

Running Score (Visitors)

1		29		57	
2		30		58	
3		31		59	
4		32		60	
5		33		61	
6		34		62	
7		35		63	
8		36		64	
9		37		65	
10		38		66	
11		39		67	
12		40		68	
13		41		69	
14		42		70	
15		43		71	
16		44		72	
17		45		73	
18		46		74	
19		47		75	
20		48		76	
21		49		77	
22		50		78	
23		51		79	
24		52		80	
25		53		81	
26		54		82	
27		55		83	
28		56		84	

SCORING: 3 = 3 point goal 2 = 2 point goal
● = FT Made   O = FT missed

No.	U	Player	Fouls					1st	2nd	3rd	4th
			1	2	3	4	5				
			1	2	3	4	5				
			1	2	3	4	5				
			1	2	3	4	5				
			1	2	3	4	5				
			1	2	3	4	5				
			1	2	3	4	5				
			1	2	3	4	5				
			1	2	3	4	5				
			1	2	3	4	5				
			1	2	3	4	5				

FINAL SCORE: _____   Quarter Total

Alternating Possession | H | V | H | V | H | V | H | V | H | V | H | V | H | V | H | V | H | V | H | V | H | V |

Defensive Warning ☐☐

HOME

HOME _____

Uniform Color _____

Team Fouls:	1st Half	1	2	3	4	5	6		7	8	9		10	+
	2nd Half	1	2	3	4	5	6		7	8	9		10	+

1 + 1   2 Shots

Time Outs: 60 Secs ☐ 1 ☐ 2 ☐ 3

30 Secs ☐ 1 ☐ 2

Running Score (Home)

1		29		57	
2		30		58	
3		31		59	
4		32		60	
5		33		61	
6		34		62	
7		35		63	
8		36		64	
9		37		65	
10		38		66	
11		39		67	
12		40		68	
13		41		69	
14		42		70	
15		43		71	
16		44		72	
17		45		73	
18		46		74	
19		47		75	
20		48		76	
21		49		77	
22		50		78	
23		51		79	
24		52		80	
25		53		81	
26		54		82	
27		55		83	
28		56		84	

SCORING: 3 = 3 point goal 2 = 2 point goal
● = FT Made   o = FT missed

No.	U	Player	Fouls					1st	2nd	3rd	4th
			1	2	3	4	5				
			1	2	3	4	5				
			1	2	3	4	5				
			1	2	3	4	5				
			1	2	3	4	5				
			1	2	3	4	5				
			1	2	3	4	5				
			1	2	3	4	5				
			1	2	3	4	5				
			1	2	3	4	5				
			1	2	3	4	5				

_____   Quarter Total

BASKETBALL SCORE SHEET

Date _____

Game Time _____

Site _____

Court # _____

Referees _____

Type
- [ ] Traditional
- [ ] Unified

Sex
- [ ] Men
- [ ] Women

Age Group
- [ ] Youth
- [ ] Junior
- [ ] Senior
- [ ] Master
- [ ] Senior Master

Division
- [ ] 1   - [ ] 5
- [ ] 2   - [ ] 6
- [ ] 3   - [ ] 7
- [ ] 4   - [ ] 8

VISITORS _____

Uniform Color _____

Team Fouls:

1st Half | 1 | 2 | 3 | 4 | 5 | 6 | 7 | 8 | 9 | 10 | + |

2nd Half | 1 | 2 | 3 | 4 | 5 | 6 | 7 | 8 | 9 | 10 | + |

1 + 1   2 Shots

Time Outs: 60 Secs | 1 | 2 | 3 |

30 Secs | 1 | 2 |

No.	U	Player	Fouls					SCORING: 3 = 3 point goal 2 = 2 point goal ● = FT Made ○ = FT missed			
								1st	2nd	3rd	4th
			1	2	3	4	5				
			1	2	3	4	5				
			1	2	3	4	5				
			1	2	3	4	5				
			1	2	3	4	5				
			1	2	3	4	5				
			1	2	3	4	5				
			1	2	3	4	5				
			1	2	3	4	5				
			1	2	3	4	5				
			1	2	3	4	5				
			1	2	3	4	5				

FINAL SCORE: _____   Quarter Total

Running Score

1	29	57
2	30	58
3	31	59
4	32	60
5	33	61
6	34	62
7	35	63
8	36	64
9	37	65
10	38	66
11	39	67
12	40	68
13	41	69
14	42	70
15	43	71
16	44	72
17	45	73
18	46	74
19	47	75
20	48	76
21	49	77
22	50	78
23	51	79
24	52	80
25	53	81
26	54	82
27	55	83
28	56	84

Alternating Possession | H | V | H | V | H | V | H | V | H | V | H | V | H | V | H | V | H | V | H | V | H | V |

Defensive Warning | | |

HOME _____

Uniform Color _____

Team Fouls:

1st Half | 1 | 2 | 3 | 4 | 5 | 6 | 7 | 8 | 9 | 10 | + |

2nd Half | 1 | 2 | 3 | 4 | 5 | 6 | 7 | 8 | 9 | 10 | + |

1 + 1   2 Shots

Time Outs: 60 Secs | 1 | 2 | 3 |

30 Secs | 1 | 2 |

No.	U	Player	Fouls					SCORING: 3 = 3 point goal 2 = 2 point goal ● = FT Made ○ = FT missed			
								1st	2nd	3rd	4th
			1	2	3	4	5				
			1	2	3	4	5				
			1	2	3	4	5				
			1	2	3	4	5				
			1	2	3	4	5				
			1	2	3	4	5				
			1	2	3	4	5				
			1	2	3	4	5				
			1	2	3	4	5				
			1	2	3	4	5				
			1	2	3	4	5				
			1	2	3	4	5				

_____   Quarter Total

Running Score

1	29	57
2	30	58
3	31	59
4	32	60
5	33	61
6	34	62
7	35	63
8	36	64
9	37	65
10	38	66
11	39	67
12	40	68
13	41	69
14	42	70
15	43	71
16	44	72
17	45	73
18	46	74
19	47	75
20	48	76
21	49	77
22	50	78
23	51	79
24	52	80
25	53	81
26	54	82
27	55	83
28	56	84

BASKETBALL SCORE SHEET

Date	_____	**Type**		**Age Group**		**Division**			
Game Time	_____	☐	Traditional	☐	Youth	☐	1	☐	5
Site	_____	☐	Unified	☐	Junior	☐	2	☐	6
Court #	_____	**Sex**		☐	Senior	☐	3	☐	7
Referees	_____	☐	Men	☐	Master	☐	4	☐	8
		☐	Women	☐	Senior Master				

VISITORS

Uniform Color _____

	Running Score		

Team Fouls:

1st Half | 1 2 3 4 5 6 | 7 8 9 | 10 + | Time Outs: 60 Secs | 1 2 3

2nd Half | 1 2 3 4 5 6 | 7 8 9 | 10 + | 30 Secs | 1 2

1 + 1   2 Shots

No.	U	Player	Fouls					SCORING: 3 = 3 point goal 2 = 2 point goal ● = FT Made O = FT missed			
								1st	2nd	3rd	4th
			1	2	3	4	5				
			1	2	3	4	5				
			1	2	3	4	5				
			1	2	3	4	5				
			1	2	3	4	5				
			1	2	3	4	5				
			1	2	3	4	5				
			1	2	3	4	5				
			1	2	3	4	5				
			1	2	3	4	5				
			1	2	3	4	5				
			1	2	3	4	5				
			1	2	3	4	5				

FINAL SCORE: _____   Quarter Total

Running Score (Visitors)

1	29	57
2	30	58
3	31	59
4	32	60
5	33	61
6	34	62
7	35	63
8	36	64
9	37	65
10	38	66
11	39	67
12	40	68
13	41	69
14	42	70
15	43	71
16	44	72
17	45	73
18	46	74
19	47	75
20	48	76
21	49	77
22	50	78
23	51	79
24	52	80
25	53	81
26	54	82
27	55	83
28	56	84

Alternating Possession | H V H V H V H V H V H V H V H V H V H V H V H V | **Defensive Warning** ☐☐

HOME

Uniform Color _____

Team Fouls:

1st Half | 1 2 3 4 5 6 | 7 8 9 | 10 + | Time Outs: 60 Secs | 1 2 3

2nd Half | 1 2 3 4 5 6 | 7 8 9 | 10 + | 30 Secs | 1 2

1 + 1   2 Shots

No.	U	Player	Fouls					SCORING: 3 = 3 point goal 2 = 2 point goal ● = FT Made o = FT missed			
								1st	2nd	3rd	4th
			1	2	3	4	5				
			1	2	3	4	5				
			1	2	3	4	5				
			1	2	3	4	5				
			1	2	3	4	5				
			1	2	3	4	5				
			1	2	3	4	5				
			1	2	3	4	5				
			1	2	3	4	5				
			1	2	3	4	5				
			1	2	3	4	5				
			1	2	3	4	5				
			1	2	3	4	5				

_____   Quarter Total

Running Score (Home)

1	29	57
2	30	58
3	31	59
4	32	60
5	33	61
6	34	62
7	35	63
8	36	64
9	37	65
10	38	66
11	39	67
12	40	68
13	41	69
14	42	70
15	43	71
16	44	72
17	45	73
18	46	74
19	47	75
20	48	76
21	49	77
22	50	78
23	51	79
24	52	80
25	53	81
26	54	82
27	55	83
28	56	84

BASKETBALL SCORE SHEET

		Type		Age Group		Division			
Date _____		☐	Traditional	☐	Youth	☐	1	☐	5
Game Time _____		☐	Unified	☐	Junior	☐	2	☐	6
Site _____		**Sex**		☐	Senior	☐	3	☐	7
Court # _____		☐	Men	☐	Master	☐	4	☐	8
Referees _____		☐	Women	☐	Senior Master				

VISITORS

VISITORS _____

Uniform Color _____

Team Fouls:	1st Half	1 2 3 4 5 6	7 8 9	10 +	Time Outs: 60 Secs	1 2 3
	2nd Half	1 2 3 4 5 6	7 8 9	10 +	30 Secs	1 2

1 + 1   2 Shots

SCORING: 3 = 3 point goal 2 = 2 point goal
● = FT Made   O = FT missed

No.	U	Player	Fouls					1st	2nd	3rd	4th
			1	2	3	4	5				
			1	2	3	4	5				
			1	2	3	4	5				
			1	2	3	4	5				
			1	2	3	4	5				
			1	2	3	4	5				
			1	2	3	4	5				
			1	2	3	4	5				
			1	2	3	4	5				
			1	2	3	4	5				
			1	2	3	4	5				
			1	2	3	4	5				

FINAL SCORE: _____   Quarter Total

Running Score

1		29		57
2		30		58
3		31		59
4		32		60
5		33		61
6		34		62
7		35		63
8		36		64
9		37		65
10		38		66
11		39		67
12		40		68
13		41		69
14		42		70
15		43		71
16		44		72
17		45		73
18		46		74
19		47		75
20		48		76
21		49		77
22		50		78
23		51		79
24		52		80
25		53		81
26		54		82
27		55		83
28		56		84

Alternating Possession | H V H V H V H V H V H V H V H V H V H V H V

Defensive Warning ☐☐

HOME

HOME _____

Uniform Color _____

Team Fouls:	1st Half	1 2 3 4 5 6	7 8 9	10 +	Time Outs: 60 Secs	1 2 3
	2nd Half	1 2 3 4 5 6	7 8 9	10 +	30 Secs	1 2

1 + 1   2 Shots

SCORING: 3 = 3 point goal 2 = 2 point goal
● = FT Made   o = FT missed

No.	U	Player	Fouls					1st	2nd	3rd	4th
			1	2	3	4	5				
			1	2	3	4	5				
			1	2	3	4	5				
			1	2	3	4	5				
			1	2	3	4	5				
			1	2	3	4	5				
			1	2	3	4	5				
			1	2	3	4	5				
			1	2	3	4	5				
			1	2	3	4	5				
			1	2	3	4	5				
			1	2	3	4	5				

_____   Quarter Total

Running Score

1		29		57
2		30		58
3		31		59
4		32		60
5		33		61
6		34		62
7		35		63
8		36		64
9		37		65
10		38		66
11		39		67
12		40		68
13		41		69
14		42		70
15		43		71
16		44		72
17		45		73
18		46		74
19		47		75
20		48		76
21		49		77
22		50		78
23		51		79
24		52		80
25		53		81
26		54		82
27		55		83
28		56		84

BASKETBALL SCORE SHEET

	Type		Age Group		Division			
Date _____	☐	Traditional	☐	Youth	☐	1	☐	5
Game Time _____	☐	Unified	☐	Junior	☐	2	☐	6
Site _____	**Sex**		☐	Senior	☐	3	☐	7
Court # _____	☐	Men	☐	Master	☐	4	☐	8
Referees _____	☐	Women	☐	Senior Master				

VISITORS

Uniform Color _____

Team Fouls:
1st Half: [1] [2] [3] [4] [5] [6] [7] [8] [9] [10] [+]
2nd Half: [1] [2] [3] [4] [5] [6] [7] [8] [9] [10] [+]
1 + 1   2 Shots

Time Outs: 60 Secs [1] [2] [3]
30 Secs [1] [2]

No.	U	Player	Fouls					SCORING: 3 = 3 point goal 2 = 2 point goal ● = FT Made ○ = FT missed			
								1st	2nd	3rd	4th
			1	2	3	4	5				
			1	2	3	4	5				
			1	2	3	4	5				
			1	2	3	4	5				
			1	2	3	4	5				
			1	2	3	4	5				
			1	2	3	4	5				
			1	2	3	4	5				
			1	2	3	4	5				
			1	2	3	4	5				
			1	2	3	4	5				
			1	2	3	4	5				

FINAL SCORE: _____   Quarter Total

Running Score

1	29	57
2	30	58
3	31	59
4	32	60
5	33	61
6	34	62
7	35	63
8	36	64
9	37	65
10	38	66
11	39	67
12	40	68
13	41	69
14	42	70
15	43	71
16	44	72
17	45	73
18	46	74
19	47	75
20	48	76
21	49	77
22	50	78
23	51	79
24	52	80
25	53	81
26	54	82
27	55	83
28	56	84

Alternating Possession: H V H V H V H V H V H V H V H V H V H V H V H V

Defensive Warning [ ] [ ]

HOME

Uniform Color _____

Team Fouls:
1st Half: [1] [2] [3] [4] [5] [6] [7] [8] [9] [10] [+]
2nd Half: [1] [2] [3] [4] [5] [6] [7] [8] [9] [10] [+]
1 + 1   2 Shots

Time Outs: 60 Secs [1] [2] [3]
30 Secs [1] [2]

No.	U	Player	Fouls					SCORING: 3 = 3 point goal 2 = 2 point goal ● = FT Made ○ = FT missed			
								1st	2nd	3rd	4th
			1	2	3	4	5				
			1	2	3	4	5				
			1	2	3	4	5				
			1	2	3	4	5				
			1	2	3	4	5				
			1	2	3	4	5				
			1	2	3	4	5				
			1	2	3	4	5				
			1	2	3	4	5				
			1	2	3	4	5				
			1	2	3	4	5				
			1	2	3	4	5				

_____   Quarter Total

Running Score

1	29	57
2	30	58
3	31	59
4	32	60
5	33	61
6	34	62
7	35	63
8	36	64
9	37	65
10	38	66
11	39	67
12	40	68
13	41	69
14	42	70
15	43	71
16	44	72
17	45	73
18	46	74
19	47	75
20	48	76
21	49	77
22	50	78
23	51	79
24	52	80
25	53	81
26	54	82
27	55	83
28	56	84

BASKETBALL SCORE SHEET

Date	_____
Game Time	_____
Site	_____
Court #	_____
Referees	_____

Type
- ☐ Traditional
- ☐ Unified

Sex
- ☐ Men
- ☐ Women

Age Group
- ☐ Youth
- ☐ Junior
- ☐ Senior
- ☐ Master
- ☐ Senior Master

Division
- ☐ 1   ☐ 5
- ☐ 2   ☐ 6
- ☐ 3   ☐ 7
- ☐ 4   ☐ 8

VISITORS _____

Uniform Color _____

Team Fouls:
1st Half | 1 2 3 4 5 6 | 7 8 9 | 10 +
2nd Half | 1 2 3 4 5 6 | 7 8 9 | 10 +

1 + 1   2 Shots

Time Outs: 60 Secs | 1 2 3
30 Secs | 1 2

SCORING: 3 = 3 point goal 2 = 2 point goal
● = FT Made   ○ = FT missed

No.	U	Player	Fouls	1st	2nd	3rd	4th
			1 2 3 4 5				
			1 2 3 4 5				
			1 2 3 4 5				
			1 2 3 4 5				
			1 2 3 4 5				
			1 2 3 4 5				
			1 2 3 4 5				
			1 2 3 4 5				
			1 2 3 4 5				
			1 2 3 4 5				
			1 2 3 4 5				
			1 2 3 4 5				

FINAL SCORE: _____   Quarter Total

Running Score

1	29	57
2	30	58
3	31	59
4	32	60
5	33	61
6	34	62
7	35	63
8	36	64
9	37	65
10	38	66
11	39	67
12	40	68
13	41	69
14	42	70
15	43	71
16	44	72
17	45	73
18	46	74
19	47	75
20	48	76
21	49	77
22	50	78
23	51	79
24	52	80
25	53	81
26	54	82
27	55	83
28	56	84

Alternating Possession | H V H V H V H V H V H V H V H V H V H V H V H V H V

Defensive Warning | ☐ ☐

HOME _____

Uniform Color _____

Team Fouls:
1st Half | 1 2 3 4 5 6 | 7 8 9 | 10 +
2nd Half | 1 2 3 4 5 6 | 7 8 9 | 10 +

1 + 1   2 Shots

Time Outs: 60 Secs | 1 2 3
30 Secs | 1 2

SCORING: 3 = 3 point goal 2 = 2 point goal
● = FT Made   ○ = FT missed

No.	U	Player	Fouls	1st	2nd	3rd	4th
			1 2 3 4 5				
			1 2 3 4 5				
			1 2 3 4 5				
			1 2 3 4 5				
			1 2 3 4 5				
			1 2 3 4 5				
			1 2 3 4 5				
			1 2 3 4 5				
			1 2 3 4 5				
			1 2 3 4 5				
			1 2 3 4 5				
			1 2 3 4 5				

_____   Quarter Total

Running Score

1	29	57
2	30	58
3	31	59
4	32	60
5	33	61
6	34	62
7	35	63
8	36	64
9	37	65
10	38	66
11	39	67
12	40	68
13	41	69
14	42	70
15	43	71
16	44	72
17	45	73
18	46	74
19	47	75
20	48	76
21	49	77
22	50	78
23	51	79
24	52	80
25	53	81
26	54	82
27	55	83
28	56	84

BASKETBALL SCORE SHEET

Date _____	
Game Time _____	
Site _____	
Court # _____	
Referees _____	

Type
- ☐ Traditional
- ☐ Unified

Sex
- ☐ Men
- ☐ Women

Age Group
- ☐ Youth
- ☐ Junior
- ☐ Senior
- ☐ Master
- ☐ Senior Master

Division
- ☐ 1 ☐ 5
- ☐ 2 ☐ 6
- ☐ 3 ☐ 7
- ☐ 4 ☐ 8

VISITORS _____

Uniform Color _____

Team Fouls:
1st Half [1 | 2 | 3 | 4 | 5 | 6] [7 | 8 | 9] [10 | +]
2nd Half [1 | 2 | 3 | 4 | 5 | 6] [7 | 8 | 9] [10 | +]
1 + 1   2 Shots

Time Outs: 60 Secs [1 | 2 | 3]
30 Secs [1 | 2]

No.	U	Player	Fouls					SCORING: 3 = 3 point goal 2 = 2 point goal ● = FT Made O = FT missed			
								1st	2nd	3rd	4th
			1	2	3	4	5				
			1	2	3	4	5				
			1	2	3	4	5				
			1	2	3	4	5				
			1	2	3	4	5				
			1	2	3	4	5				
			1	2	3	4	5				
			1	2	3	4	5				
			1	2	3	4	5				
			1	2	3	4	5				
			1	2	3	4	5				
			1	2	3	4	5				

FINAL SCORE: _____   Quarter Total

Running Score

1	29	57
2	30	58
3	31	59
4	32	60
5	33	61
6	34	62
7	35	63
8	36	64
9	37	65
10	38	66
11	39	67
12	40	68
13	41	69
14	42	70
15	43	71
16	44	72
17	45	73
18	46	74
19	47	75
20	48	76
21	49	77
22	50	78
23	51	79
24	52	80
25	53	81
26	54	82
27	55	83
28	56	84

Alternating Possession [H | V | H | V | H | V | H | V | H | V | H | V | H | V | H | V | H | V | H | V | H | V | H | V]

Defensive Warning [|]

HOME _____

Uniform Color _____

Team Fouls:
1st Half [1 | 2 | 3 | 4 | 5 | 6] [7 | 8 | 9] [10 | +]
2nd Half [1 | 2 | 3 | 4 | 5 | 6] [7 | 8 | 9] [10 | +]
1 + 1   2 Shots

Time Outs: 60 Secs [1 | 2 | 3]
30 Secs [1 | 2]

No.	U	Player	Fouls					SCORING: 3 = 3 point goal 2 = 2 point goal ● = FT Made o = FT missed			
								1st	2nd	3rd	4th
			1	2	3	4	5				
			1	2	3	4	5				
			1	2	3	4	5				
			1	2	3	4	5				
			1	2	3	4	5				
			1	2	3	4	5				
			1	2	3	4	5				
			1	2	3	4	5				
			1	2	3	4	5				
			1	2	3	4	5				
			1	2	3	4	5				
			1	2	3	4	5				

_____   Quarter Total

Running Score

1	29	57
2	30	58
3	31	59
4	32	60
5	33	61
6	34	62
7	35	63
8	36	64
9	37	65
10	38	66
11	39	67
12	40	68
13	41	69
14	42	70
15	43	71
16	44	72
17	45	73
18	46	74
19	47	75
20	48	76
21	49	77
22	50	78
23	51	79
24	52	80
25	53	81
26	54	82
27	55	83
28	56	84

BASKETBALL SCORE SHEET

		Type		Age Group		Division		
Date _____		☐ Traditional		☐ Youth		☐ 1	☐ 5	
Game Time _____		☐ Unified		☐ Junior		☐ 2	☐ 6	
Site _____		**Sex**		☐ Senior		☐ 3	☐ 7	
Court # _____		☐ Men		☐ Master		☐ 4	☐ 8	
Referees _____		☐ Women		☐ Senior Master				

Running Score

1	29	57
2	30	58
3	31	59
4	32	60
5	33	61
6	34	62
7	35	63
8	36	64
9	37	65
10	38	66
11	39	67
12	40	68
13	41	69
14	42	70
15	43	71
16	44	72
17	45	73
18	46	74
19	47	75
20	48	76
21	49	77
22	50	78
23	51	79
24	52	80
25	53	81
26	54	82
27	55	83
28	56	84

VISITORS _____

Uniform Color _____

Team Fouls:
1st Half: 1 2 3 4 5 6 | 7 8 9 | 10 +
2nd Half: 1 2 3 4 5 6 | 7 8 9 | 10 +
1 + 1   2 Shots

Time Outs: 60 Secs: 1 2 3
30 Secs: 1 2

No.	U	Player	Fouls					SCORING: 3 = 3 point goal 2 = 2 point goal ● = FT Made ○ = FT missed			
								1st	2nd	3rd	4th
			1	2	3	4	5				
			1	2	3	4	5				
			1	2	3	4	5				
			1	2	3	4	5				
			1	2	3	4	5				
			1	2	3	4	5				
			1	2	3	4	5				
			1	2	3	4	5				
			1	2	3	4	5				
			1	2	3	4	5				
			1	2	3	4	5				
			1	2	3	4	5				

FINAL SCORE: _____   Quarter Total

Alternating Possession: H V H V H V H V H V H V H V H V H V H V H V H V

Defensive Warning ☐ ☐

Running Score

1	29	57
2	30	58
3	31	59
4	32	60
5	33	61
6	34	62
7	35	63
8	36	64
9	37	65
10	38	66
11	39	67
12	40	68
13	41	69
14	42	70
15	43	71
16	44	72
17	45	73
18	46	74
19	47	75
20	48	76
21	49	77
22	50	78
23	51	79
24	52	80
25	53	81
26	54	82
27	55	83
28	56	84

HOME _____

Uniform Color _____

Team Fouls:
1st Half: 1 2 3 4 5 6 | 7 8 9 | 10 +
2nd Half: 1 2 3 4 5 6 | 7 8 9 | 10 +
1 + 1   2 Shots

Time Outs: 60 Secs: 1 2 3
30 Secs: 1 2

No.	U	Player	Fouls					SCORING: 3 = 3 point goal 2 = 2 point goal ● = FT Made ○ = FT missed			
								1st	2nd	3rd	4th
			1	2	3	4	5				
			1	2	3	4	5				
			1	2	3	4	5				
			1	2	3	4	5				
			1	2	3	4	5				
			1	2	3	4	5				
			1	2	3	4	5				
			1	2	3	4	5				
			1	2	3	4	5				
			1	2	3	4	5				
			1	2	3	4	5				
			1	2	3	4	5				

_____   Quarter Total

BASKETBALL SCORE SHEET

Date _____
Game Time _____
Site _____
Court # _____
Referees _____

Type
- ☐ Traditional
- ☐ Unified

Sex
- ☐ Men
- ☐ Women

Age Group
- ☐ Youth
- ☐ Junior
- ☐ Senior
- ☐ Master
- ☐ Senior Master

Division
- ☐ 1   ☐ 5
- ☐ 2   ☐ 6
- ☐ 3   ☐ 7
- ☐ 4   ☐ 8

VISITORS _____   Uniform Color _____

Team Fouls: 1st Half | 1 | 2 | 3 | 4 | 5 | 6 | | 7 | 8 | 9 | | 10 | + |
             2nd Half | 1 | 2 | 3 | 4 | 5 | 6 | | 7 | 8 | 9 | | 10 | + |
                                              1 + 1   2 Shots

Time Outs: 60 Secs | 1 | 2 | 3 |
30 Secs | 1 | 2 |

No.	U	Player	Fouls					SCORING: 3 = 3 point goal 2 = 2 point goal ● = FT Made O = FT missed			
								1st	2nd	3rd	4th
			1	2	3	4	5				
			1	2	3	4	5				
			1	2	3	4	5				
			1	2	3	4	5				
			1	2	3	4	5				
			1	2	3	4	5				
			1	2	3	4	5				
			1	2	3	4	5				
			1	2	3	4	5				
			1	2	3	4	5				
			1	2	3	4	5				
			1	2	3	4	5				

FINAL SCORE: _____   Quarter Total

Running Score

1	29	57
2	30	58
3	31	59
4	32	60
5	33	61
6	34	62
7	35	63
8	36	64
9	37	65
10	38	66
11	39	67
12	40	68
13	41	69
14	42	70
15	43	71
16	44	72
17	45	73
18	46	74
19	47	75
20	48	76
21	49	77
22	50	78
23	51	79
24	52	80
25	53	81
26	54	82
27	55	83
28	56	84

Alternating Possession | H | V | H | V | H | V | H | V | H | V | H | V | H | V | H | V | H | V | H | V | H | V | H | V |

Defensive Warning | | |

HOME _____   Uniform Color _____

Team Fouls: 1st Half | 1 | 2 | 3 | 4 | 5 | 6 | | 7 | 8 | 9 | | 10 | + |
             2nd Half | 1 | 2 | 3 | 4 | 5 | 6 | | 7 | 8 | 9 | | 10 | + |
                                              1 + 1   2 Shots

Time Outs: 60 Secs | 1 | 2 | 3 |
30 Secs | 1 | 2 |

No.	U	Player	Fouls					SCORING: 3 = 3 point goal 2 = 2 point goal ● = FT Made o = FT missed			
								1st	2nd	3rd	4th
			1	2	3	4	5				
			1	2	3	4	5				
			1	2	3	4	5				
			1	2	3	4	5				
			1	2	3	4	5				
			1	2	3	4	5				
			1	2	3	4	5				
			1	2	3	4	5				
			1	2	3	4	5				
			1	2	3	4	5				
			1	2	3	4	5				
			1	2	3	4	5				

_____   Quarter Total

Running Score

1	29	57
2	30	58
3	31	59
4	32	60
5	33	61
6	34	62
7	35	63
8	36	64
9	37	65
10	38	66
11	39	67
12	40	68
13	41	69
14	42	70
15	43	71
16	44	72
17	45	73
18	46	74
19	47	75
20	48	76
21	49	77
22	50	78
23	51	79
24	52	80
25	53	81
26	54	82
27	55	83
28	56	84

BASKETBALL SCORE SHEET

		Type		Age Group		Division			
Date _____		☐	Traditional	☐	Youth	☐	1	☐	5
Game Time _____		☐	Unified	☐	Junior	☐	2	☐	6
Site _____		**Sex**		☐	Senior	☐	3	☐	7
Court # _____		☐	Men	☐	Master	☐	4	☐	8
Referees _____		☐	Women	☐	Senior Master				

VISITORS _____   Uniform Color _____

Team Fouls: 1st Half [1 2 3 4 5 6] [7 8 9] [10 +]   Time Outs: 60 Secs [1 2 3]

2nd Half [1 2 3 4 5 6] [7 8 9] [10 +]   30 Secs [1 2]

1 + 1   2 Shots

No.	U	Player	Fouls					SCORING: 3 = 3 point goal 2 = 2 point goal ● = FT Made O = FT missed			
								1st	2nd	3rd	4th
			1	2	3	4	5				
			1	2	3	4	5				
			1	2	3	4	5				
			1	2	3	4	5				
			1	2	3	4	5				
			1	2	3	4	5				
			1	2	3	4	5				
			1	2	3	4	5				
			1	2	3	4	5				
			1	2	3	4	5				
			1	2	3	4	5				
			1	2	3	4	5				
FINAL SCORE: _____			Quarter Total								

Running Score		
1	29	57
2	30	58
3	31	59
4	32	60
5	33	61
6	34	62
7	35	63
8	36	64
9	37	65
10	38	66
11	39	67
12	40	68
13	41	69
14	42	70
15	43	71
16	44	72
17	45	73
18	46	74
19	47	75
20	48	76
21	49	77
22	50	78
23	51	79
24	52	80
25	53	81
26	54	82
27	55	83
28	56	84

Alternating Possession [H V H V H V H V H V H V H V H V H V H V H V H V]   Defensive Warning [☐ ☐]

HOME _____   Uniform Color _____

Team Fouls: 1st Half [1 2 3 4 5 6] [7 8 9] [10 +]   Time Outs: 60 Secs [1 2 3]

2nd Half [1 2 3 4 5 6] [7 8 9] [10 +]   30 Secs [1 2]

1 + 1   2 Shots

No.	U	Player	Fouls					SCORING: 3 = 3 point goal 2 = 2 point goal ● = FT Made o = FT missed			
								1st	2nd	3rd	4th
			1	2	3	4	5				
			1	2	3	4	5				
			1	2	3	4	5				
			1	2	3	4	5				
			1	2	3	4	5				
			1	2	3	4	5				
			1	2	3	4	5				
			1	2	3	4	5				
			1	2	3	4	5				
			1	2	3	4	5				
			1	2	3	4	5				
			1	2	3	4	5				
_____			Quarter Total								

Running Score		
1	29	57
2	30	58
3	31	59
4	32	60
5	33	61
6	34	62
7	35	63
8	36	64
9	37	65
10	38	66
11	39	67
12	40	68
13	41	69
14	42	70
15	43	71
16	44	72
17	45	73
18	46	74
19	47	75
20	48	76
21	49	77
22	50	78
23	51	79
24	52	80
25	53	81
26	54	82
27	55	83
28	56	84

BASKETBALL SCORE SHEET

Date _____

Game Time _____

Site _____

Court # _____

Referees _____

Type
- [ ] Traditional
- [ ] Unified

Sex
- [ ] Men
- [ ] Women

Age Group
- [ ] Youth
- [ ] Junior
- [ ] Senior
- [ ] Master
- [ ] Senior Master

Division
- [ ] 1
- [ ] 2
- [ ] 3
- [ ] 4
- [ ] 5
- [ ] 6
- [ ] 7
- [ ] 8

VISITORS _____

Uniform Color _____

Team Fouls: 1st Half | 1 | 2 | 3 | 4 | 5 | 6 | | 7 | 8 | 9 | | 10 | + |

2nd Half | 1 | 2 | 3 | 4 | 5 | 6 | | 7 | 8 | 9 | | 10 | + |

1 + 1   2 Shots

Time Outs: 60 Secs | 1 | 2 | 3 |

30 Secs | 1 | 2 |

No.	U	Player	Fouls					SCORING: 3 = 3 point goal 2 = 2 point goal ● = FT Made ○ = FT missed			
								1st	2nd	3rd	4th
			1	2	3	4	5				
			1	2	3	4	5				
			1	2	3	4	5				
			1	2	3	4	5				
			1	2	3	4	5				
			1	2	3	4	5				
			1	2	3	4	5				
			1	2	3	4	5				
			1	2	3	4	5				
			1	2	3	4	5				
			1	2	3	4	5				
			1	2	3	4	5				

FINAL SCORE: _____   Quarter Total

Running Score

1	29	57
2	30	58
3	31	59
4	32	60
5	33	61
6	34	62
7	35	63
8	36	64
9	37	65
10	38	66
11	39	67
12	40	68
13	41	69
14	42	70
15	43	71
16	44	72
17	45	73
18	46	74
19	47	75
20	48	76
21	49	77
22	50	78
23	51	79
24	52	80
25	53	81
26	54	82
27	55	83
28	56	84

Alternating Possession | H | V | H | V | H | V | H | V | H | V | H | V | H | V | H | V | H | V | H | V | H | V | H | V |

Defensive Warning | | |

HOME _____

Uniform Color _____

Team Fouls: 1st Half | 1 | 2 | 3 | 4 | 5 | 6 | | 7 | 8 | 9 | | 10 | + |

2nd Half | 1 | 2 | 3 | 4 | 5 | 6 | | 7 | 8 | 9 | | 10 | + |

1 + 1   2 Shots

Time Outs: 60 Secs | 1 | 2 | 3 |

30 Secs | 1 | 2 |

No.	U	Player	Fouls					SCORING: 3 = 3 point goal 2 = 2 point goal ● = FT Made ○ = FT missed			
								1st	2nd	3rd	4th
			1	2	3	4	5				
			1	2	3	4	5				
			1	2	3	4	5				
			1	2	3	4	5				
			1	2	3	4	5				
			1	2	3	4	5				
			1	2	3	4	5				
			1	2	3	4	5				
			1	2	3	4	5				
			1	2	3	4	5				
			1	2	3	4	5				
			1	2	3	4	5				

_____   Quarter Total

Running Score

1	29	57
2	30	58
3	31	59
4	32	60
5	33	61
6	34	62
7	35	63
8	36	64
9	37	65
10	38	66
11	39	67
12	40	68
13	41	69
14	42	70
15	43	71
16	44	72
17	45	73
18	46	74
19	47	75
20	48	76
21	49	77
22	50	78
23	51	79
24	52	80
25	53	81
26	54	82
27	55	83
28	56	84

BASKETBALL SCORE SHEET

	Type		Age Group		Division			
Date _____	☐	Traditional	☐	Youth	☐	1	☐	5
Game Time _____	☐	Unified	☐	Junior	☐	2	☐	6
Site _____	**Sex**		☐	Senior	☐	3	☐	7
Court # _____	☐	Men	☐	Master	☐	4	☐	8
Referees _____	☐	Women	☐	Senior Master				

VISITORS

VISITORS _____   Uniform Color _____

Team Fouls: 1st Half | 1 | 2 | 3 | 4 | 5 | 6 | | 7 | 8 | 9 | | 10 | + |

Time Outs: 60 Secs | 1 | 2 | 3 |

Team Fouls: 2nd Half | 1 | 2 | 3 | 4 | 5 | 6 | | 7 | 8 | 9 | | 10 | + |

30 Secs | 1 | 2 |

1 + 1   2 Shots

Running Score

1	29	57
2	30	58
3	31	59
4	32	60
5	33	61
6	34	62
7	35	63
8	36	64
9	37	65
10	38	66
11	39	67
12	40	68
13	41	69
14	42	70
15	43	71
16	44	72
17	45	73
18	46	74
19	47	75
20	48	76
21	49	77
22	50	78
23	51	79
24	52	80
25	53	81
26	54	82
27	55	83
28	56	84

SCORING: 3 = 3 point goal 2 = 2 point goal ● = FT Made ○ = FT missed

No.	U	Player	Fouls					1st	2nd	3rd	4th
			1	2	3	4	5				
			1	2	3	4	5				
			1	2	3	4	5				
			1	2	3	4	5				
			1	2	3	4	5				
			1	2	3	4	5				
			1	2	3	4	5				
			1	2	3	4	5				
			1	2	3	4	5				
			1	2	3	4	5				
			1	2	3	4	5				
			1	2	3	4	5				

FINAL SCORE: _____   Quarter Total

Alternating Possession | H | V | H | V | H | V | H | V | H | V | H | V | H | V | H | V | H | V | H | V | H | V |

Defensive Warning ☐ ☐

HOME

HOME _____   Uniform Color _____

Team Fouls: 1st Half | 1 | 2 | 3 | 4 | 5 | 6 | | 7 | 8 | 9 | | 10 | + |

Time Outs: 60 Secs | 1 | 2 | 3 |

Team Fouls: 2nd Half | 1 | 2 | 3 | 4 | 5 | 6 | | 7 | 8 | 9 | | 10 | + |

30 Secs | 1 | 2 |

1 + 1   2 Shots

Running Score

1	29	57
2	30	58
3	31	59
4	32	60
5	33	61
6	34	62
7	35	63
8	36	64
9	37	65
10	38	66
11	39	67
12	40	68
13	41	69
14	42	70
15	43	71
16	44	72
17	45	73
18	46	74
19	47	75
20	48	76
21	49	77
22	50	78
23	51	79
24	52	80
25	53	81
26	54	82
27	55	83
28	56	84

SCORING: 3 = 3 point goal 2 = 2 point goal ● = FT Made ○ = FT missed

No.	U	Player	Fouls					1st	2nd	3rd	4th
			1	2	3	4	5				
			1	2	3	4	5				
			1	2	3	4	5				
			1	2	3	4	5				
			1	2	3	4	5				
			1	2	3	4	5				
			1	2	3	4	5				
			1	2	3	4	5				
			1	2	3	4	5				
			1	2	3	4	5				
			1	2	3	4	5				
			1	2	3	4	5				

_____   Quarter Total

BASKETBALL SCORE SHEET

Date _____		
Game Time _____		
Site _____		
Court # _____		
Referees _____		

Type
- ☐ Traditional
- ☐ Unified

Sex
- ☐ Men
- ☐ Women

Age Group
- ☐ Youth
- ☐ Junior
- ☐ Senior
- ☐ Master
- ☐ Senior Master

Division
- ☐ 1   ☐ 5
- ☐ 2   ☐ 6
- ☐ 3   ☐ 7
- ☐ 4   ☐ 8

VISITORS _____

Uniform Color _____

Team Fouls:
1st Half: | 1 | 2 | 3 | 4 | 5 | 6 | | 7 | 8 | 9 | | 10 | + |
2nd Half: | 1 | 2 | 3 | 4 | 5 | 6 | | 7 | 8 | 9 | | 10 | + |
1 + 1   2 Shots

Time Outs: 60 Secs | 1 | 2 | 3 |
30 Secs | 1 | 2 |

Running Score (Visitors)

1	29	57
2	30	58
3	31	59
4	32	60
5	33	61
6	34	62
7	35	63
8	36	64
9	37	65
10	38	66
11	39	67
12	40	68
13	41	69
14	42	70
15	43	71
16	44	72
17	45	73
18	46	74
19	47	75
20	48	76
21	49	77
22	50	78
23	51	79
24	52	80
25	53	81
26	54	82
27	55	83
28	56	84

SCORING: 3 = 3 point goal 2 = 2 point goal
● = FT Made   ○ = FT missed

No.	U	Player	Fouls					1st	2nd	3rd	4th
			1	2	3	4	5				
			1	2	3	4	5				
			1	2	3	4	5				
			1	2	3	4	5				
			1	2	3	4	5				
			1	2	3	4	5				
			1	2	3	4	5				
			1	2	3	4	5				
			1	2	3	4	5				
			1	2	3	4	5				
			1	2	3	4	5				
			1	2	3	4	5				

FINAL SCORE: _____   Quarter Total

Alternating Possession: H V H V H V H V H V H V H V H V H V H V H V H V

Defensive Warning ☐☐

HOME _____

Uniform Color _____

Team Fouls:
1st Half: | 1 | 2 | 3 | 4 | 5 | 6 | | 7 | 8 | 9 | | 10 | + |
2nd Half: | 1 | 2 | 3 | 4 | 5 | 6 | | 7 | 8 | 9 | | 10 | + |
1 + 1   2 Shots

Time Outs: 60 Secs | 1 | 2 | 3 |
30 Secs | 1 | 2 |

Running Score (Home)

1	29	57
2	30	58
3	31	59
4	32	60
5	33	61
6	34	62
7	35	63
8	36	64
9	37	65
10	38	66
11	39	67
12	40	68
13	41	69
14	42	70
15	43	71
16	44	72
17	45	73
18	46	74
19	47	75
20	48	76
21	49	77
22	50	78
23	51	79
24	52	80
25	53	81
26	54	82
27	55	83
28	56	84

SCORING: 3 = 3 point goal 2 = 2 point goal
● = FT Made   ○ = FT missed

No.	U	Player	Fouls					1st	2nd	3rd	4th
			1	2	3	4	5				
			1	2	3	4	5				
			1	2	3	4	5				
			1	2	3	4	5				
			1	2	3	4	5				
			1	2	3	4	5				
			1	2	3	4	5				
			1	2	3	4	5				
			1	2	3	4	5				
			1	2	3	4	5				
			1	2	3	4	5				
			1	2	3	4	5				

_____   Quarter Total

BASKETBALL SCORE SHEET

	Type		Age Group		Division			
Date _____	☐	Traditional	☐	Youth	☐	1	☐	5
Game Time _____	☐	Unified	☐	Junior	☐	2	☐	6
Site _____	**Sex**		☐	Senior	☐	3	☐	7
Court # _____	☐	Men	☐	Master	☐	4	☐	8
Referees _____	☐	Women	☐	Senior Master				

VISITORS

VISITORS _____

Uniform Color _____

Team Fouls:

1st Half | 1 | 2 | 3 | 4 | 5 | 6 | | 7 | 8 | 9 | | 10 | + |

2nd Half | 1 | 2 | 3 | 4 | 5 | 6 | | 7 | 8 | 9 | | 10 | + |

1 + 1   2 Shots

Time Outs: 60 Secs | 1 | 2 | 3 |

30 Secs | 1 | 2 |

No.	U	Player	Fouls					SCORING: 3 = 3 point goal 2 = 2 point goal ● = FT Made O = FT missed			
								1st	2nd	3rd	4th
			1	2	3	4	5				
			1	2	3	4	5				
			1	2	3	4	5				
			1	2	3	4	5				
			1	2	3	4	5				
			1	2	3	4	5				
			1	2	3	4	5				
			1	2	3	4	5				
			1	2	3	4	5				
			1	2	3	4	5				
			1	2	3	4	5				
			1	2	3	4	5				

FINAL SCORE: _____   Quarter Total

Running Score (Visitors)

1	29	57
2	30	58
3	31	59
4	32	60
5	33	61
6	34	62
7	35	63
8	36	64
9	37	65
10	38	66
11	39	67
12	40	68
13	41	69
14	42	70
15	43	71
16	44	72
17	45	73
18	46	74
19	47	75
20	48	76
21	49	77
22	50	78
23	51	79
24	52	80
25	53	81
26	54	82
27	55	83
28	56	84

Alternating Possession | H | V | H | V | H | V | H | V | H | V | H | V | H | V | H | V | H | V | H | V | H | V | H | V |

Defensive Warning | ☐ | ☐ |

HOME

HOME _____

Uniform Color _____

Team Fouls:

1st Half | 1 | 2 | 3 | 4 | 5 | 6 | | 7 | 8 | 9 | | 10 | + |

2nd Half | 1 | 2 | 3 | 4 | 5 | 6 | | 7 | 8 | 9 | | 10 | + |

1 + 1   2 Shots

Time Outs: 60 Secs | 1 | 2 | 3 |

30 Secs | 1 | 2 |

No.	U	Player	Fouls					SCORING: 3 = 3 point goal 2 = 2 point goal ● = FT Made o = FT missed			
								1st	2nd	3rd	4th
			1	2	3	4	5				
			1	2	3	4	5				
			1	2	3	4	5				
			1	2	3	4	5				
			1	2	3	4	5				
			1	2	3	4	5				
			1	2	3	4	5				
			1	2	3	4	5				
			1	2	3	4	5				
			1	2	3	4	5				
			1	2	3	4	5				
			1	2	3	4	5				

_____   Quarter Total

Running Score (Home)

1	29	57
2	30	58
3	31	59
4	32	60
5	33	61
6	34	62
7	35	63
8	36	64
9	37	65
10	38	66
11	39	67
12	40	68
13	41	69
14	42	70
15	43	71
16	44	72
17	45	73
18	46	74
19	47	75
20	48	76
21	49	77
22	50	78
23	51	79
24	52	80
25	53	81
26	54	82
27	55	83
28	56	84

BASKETBALL SCORE SHEET

Date _____

Game Time _____

Site _____

Court # _____

Referees _____

Type
- ☐ Traditional
- ☐ Unified

Sex
- ☐ Men
- ☐ Women

Age Group
- ☐ Youth
- ☐ Junior
- ☐ Senior
- ☐ Master
- ☐ Senior Master

Division
- ☐ 1 ☐ 5
- ☐ 2 ☐ 6
- ☐ 3 ☐ 7
- ☐ 4 ☐ 8

VISITORS _____

Uniform Color _____

Team Fouls:

1st Half | 1 | 2 | 3 | 4 | 5 | 6 | 7 | 8 | 9 | 10 | +

2nd Half | 1 | 2 | 3 | 4 | 5 | 6 | 7 | 8 | 9 | 10 | +

1 + 1   2 Shots

Time Outs: 60 Secs | 1 | 2 | 3

30 Secs | 1 | 2

Running Score

1	29	57
2	30	58
3	31	59
4	32	60
5	33	61
6	34	62
7	35	63
8	36	64
9	37	65
10	38	66
11	39	67
12	40	68
13	41	69
14	42	70
15	43	71
16	44	72
17	45	73
18	46	74
19	47	75
20	48	76
21	49	77
22	50	78
23	51	79
24	52	80
25	53	81
26	54	82
27	55	83
28	56	84

No.	U	Player	Fouls					SCORING: 3 = 3 point goal 2 = 2 point goal • = FT Made o = FT missed			
								1st	2nd	3rd	4th
			1	2	3	4	5				
			1	2	3	4	5				
			1	2	3	4	5				
			1	2	3	4	5				
			1	2	3	4	5				
			1	2	3	4	5				
			1	2	3	4	5				
			1	2	3	4	5				
			1	2	3	4	5				
			1	2	3	4	5				
			1	2	3	4	5				
			1	2	3	4	5				

FINAL SCORE: _____   Quarter Total

Alternating Possession | H | V | H | V | H | V | H | V | H | V | H | V | H | V | H | V | H | V | H | V | H | V | H | V

Defensive Warning ☐ ☐

HOME _____

Uniform Color _____

Team Fouls:

1st Half | 1 | 2 | 3 | 4 | 5 | 6 | 7 | 8 | 9 | 10 | +

2nd Half | 1 | 2 | 3 | 4 | 5 | 6 | 7 | 8 | 9 | 10 | +

1 + 1   2 Shots

Time Outs: 60 Secs | 1 | 2 | 3

30 Secs | 1 | 2

Running Score

1	29	57
2	30	58
3	31	59
4	32	60
5	33	61
6	34	62
7	35	63
8	36	64
9	37	65
10	38	66
11	39	67
12	40	68
13	41	69
14	42	70
15	43	71
16	44	72
17	45	73
18	46	74
19	47	75
20	48	76
21	49	77
22	50	78
23	51	79
24	52	80
25	53	81
26	54	82
27	55	83
28	56	84

No.	U	Player	Fouls					SCORING: 3 = 3 point goal 2 = 2 point goal • = FT Made o = FT missed			
								1st	2nd	3rd	4th
			1	2	3	4	5				
			1	2	3	4	5				
			1	2	3	4	5				
			1	2	3	4	5				
			1	2	3	4	5				
			1	2	3	4	5				
			1	2	3	4	5				
			1	2	3	4	5				
			1	2	3	4	5				
			1	2	3	4	5				
			1	2	3	4	5				
			1	2	3	4	5				

_____   Quarter Total

BASKETBALL SCORE SHEET

Date _____			
Game Time _____			
Site _____			
Court # _____			
Referees _____			

Type
- ☐ Traditional
- ☐ Unified

Sex
- ☐ Men
- ☐ Women

Age Group
- ☐ Youth
- ☐ Junior
- ☐ Senior
- ☐ Master
- ☐ Senior Master

Division
- ☐ 1   ☐ 5
- ☐ 2   ☐ 6
- ☐ 3   ☐ 7
- ☐ 4   ☐ 8

VISITORS _____   Uniform Color _____

Team Fouls:
1st Half | 1 | 2 | 3 | 4 | 5 | 6 | | 7 | 8 | 9 | | 10 | + | Time Outs: 60 Secs | 1 | 2 | 3 |
2nd Half | 1 | 2 | 3 | 4 | 5 | 6 | | 7 | 8 | 9 | | 10 | + | 30 Secs | 1 | 2 |

1 + 1   2 Shots

No.	U	Player	Fouls					SCORING: 3 = 3 point goal 2 = 2 point goal ● = FT Made O = FT missed			
								1st	2nd	3rd	4th
			1	2	3	4	5				
			1	2	3	4	5				
			1	2	3	4	5				
			1	2	3	4	5				
			1	2	3	4	5				
			1	2	3	4	5				
			1	2	3	4	5				
			1	2	3	4	5				
			1	2	3	4	5				
			1	2	3	4	5				
			1	2	3	4	5				
			1	2	3	4	5				

FINAL SCORE: _____   Quarter Total

Running Score

1		29		57	
2		30		58	
3		31		59	
4		32		60	
5		33		61	
6		34		62	
7		35		63	
8		36		64	
9		37		65	
10		38		66	
11		39		67	
12		40		68	
13		41		69	
14		42		70	
15		43		71	
16		44		72	
17		45		73	
18		46		74	
19		47		75	
20		48		76	
21		49		77	
22		50		78	
23		51		79	
24		52		80	
25		53		81	
26		54		82	
27		55		83	
28		56		84	

Alternating Possession | H | V | H | V | H | V | H | V | H | V | H | V | H | V | H | V | H | V | H | V | H | V | H | V | Defensive Warning ☐ ☐

HOME _____   Uniform Color _____

Team Fouls:
1st Half | 1 | 2 | 3 | 4 | 5 | 6 | | 7 | 8 | 9 | | 10 | + | Time Outs: 60 Secs | 1 | 2 | 3 |
2nd Half | 1 | 2 | 3 | 4 | 5 | 6 | | 7 | 8 | 9 | | 10 | + | 30 Secs | 1 | 2 |

1 + 1   2 Shots

No.	U	Player	Fouls					SCORING: 3 = 3 point goal 2 = 2 point goal ● = FT Made ○ = FT missed			
								1st	2nd	3rd	4th
			1	2	3	4	5				
			1	2	3	4	5				
			1	2	3	4	5				
			1	2	3	4	5				
			1	2	3	4	5				
			1	2	3	4	5				
			1	2	3	4	5				
			1	2	3	4	5				
			1	2	3	4	5				
			1	2	3	4	5				
			1	2	3	4	5				
			1	2	3	4	5				

_____   Quarter Total

Running Score

1		29		57	
2		30		58	
3		31		59	
4		32		60	
5		33		61	
6		34		62	
7		35		63	
8		36		64	
9		37		65	
10		38		66	
11		39		67	
12		40		68	
13		41		69	
14		42		70	
15		43		71	
16		44		72	
17		45		73	
18		46		74	
19		47		75	
20		48		76	
21		49		77	
22		50		78	
23		51		79	
24		52		80	
25		53		81	
26		54		82	
27		55		83	
28		56		84	

BASKETBALL SCORE SHEET

Type
- ☐ Traditional
- ☐ Unified

Sex
- ☐ Men
- ☐ Women

Age Group
- ☐ Youth
- ☐ Junior
- ☐ Senior
- ☐ Master
- ☐ Senior Master

Division
- ☐ 1 ☐ 5
- ☐ 2 ☐ 6
- ☐ 3 ☐ 7
- ☐ 4 ☐ 8

Date _____

Game Time _____

Site _____

Court # _____

Referees _____

VISITORS

Uniform Color _____

Team Fouls:	1st Half	1	2	3	4	5	6		7	8	9		10	+
	2nd Half	1	2	3	4	5	6		7	8	9		10	+

1 + 1   2 Shots

Time Outs: 60 Secs | 1 | 2 | 3 |

30 Secs | 1 | 2 |

No.	U	Player	Fouls					SCORING: 3 = 3 point goal 2 = 2 point goal ● = FT Made O = FT missed			
								1st	2nd	3rd	4th
			1	2	3	4	5				
			1	2	3	4	5				
			1	2	3	4	5				
			1	2	3	4	5				
			1	2	3	4	5				
			1	2	3	4	5				
			1	2	3	4	5				
			1	2	3	4	5				
			1	2	3	4	5				
			1	2	3	4	5				
			1	2	3	4	5				
			1	2	3	4	5				

FINAL SCORE: _____   Quarter Total

Running Score

1	29	57
2	30	58
3	31	59
4	32	60
5	33	61
6	34	62
7	35	63
8	36	64
9	37	65
10	38	66
11	39	67
12	40	68
13	41	69
14	42	70
15	43	71
16	44	72
17	45	73
18	46	74
19	47	75
20	48	76
21	49	77
22	50	78
23	51	79
24	52	80
25	53	81
26	54	82
27	55	83
28	56	84

Alternating Possession

| H | V | H | V | H | V | H | V | H | V | H | V | H | V | H | V | H | V | H | V | H | V | H | V |

Defensive Warning | | |

HOME

Uniform Color _____

Team Fouls:	1st Half	1	2	3	4	5	6		7	8	9		10	+
	2nd Half	1	2	3	4	5	6		7	8	9		10	+

1 + 1   2 Shots

Time Outs: 60 Secs | 1 | 2 | 3 |

30 Secs | 1 | 2 |

No.	U	Player	Fouls					SCORING: 3 = 3 point goal 2 = 2 point goal ● = FT Made o = FT missed			
								1st	2nd	3rd	4th
			1	2	3	4	5				
			1	2	3	4	5				
			1	2	3	4	5				
			1	2	3	4	5				
			1	2	3	4	5				
			1	2	3	4	5				
			1	2	3	4	5				
			1	2	3	4	5				
			1	2	3	4	5				
			1	2	3	4	5				
			1	2	3	4	5				
			1	2	3	4	5				

_____   Quarter Total

Running Score

1	29	57
2	30	58
3	31	59
4	32	60
5	33	61
6	34	62
7	35	63
8	36	64
9	37	65
10	38	66
11	39	67
12	40	68
13	41	69
14	42	70
15	43	71
16	44	72
17	45	73
18	46	74
19	47	75
20	48	76
21	49	77
22	50	78
23	51	79
24	52	80
25	53	81
26	54	82
27	55	83
28	56	84

BASKETBALL SCORE SHEET

Date _____

Game Time _____

Site _____

Court # _____

Referees _____

Type
- ☐ Traditional
- ☐ Unified

Sex
- ☐ Men
- ☐ Women

Age Group
- ☐ Youth
- ☐ Junior
- ☐ Senior
- ☐ Master
- ☐ Senior Master

Division
- ☐ 1 ☐ 5
- ☐ 2 ☐ 6
- ☐ 3 ☐ 7
- ☐ 4 ☐ 8

VISITORS _____

Uniform Color _____

Team Fouls:

1st Half | 1 2 3 4 5 6 | 7 8 9 | 10 +

2nd Half | 1 2 3 4 5 6 | 7 8 9 | 10 +

1 + 1   2 Shots

Time Outs: 60 Secs | 1 2 3

30 Secs | 1 2

No.	U	Player	Fouls					SCORING: 3 = 3 point goal 2 = 2 point goal ● = FT Made ○ = FT missed			
								1st	2nd	3rd	4th
			1	2	3	4	5				
			1	2	3	4	5				
			1	2	3	4	5				
			1	2	3	4	5				
			1	2	3	4	5				
			1	2	3	4	5				
			1	2	3	4	5				
			1	2	3	4	5				
			1	2	3	4	5				
			1	2	3	4	5				
			1	2	3	4	5				
			1	2	3	4	5				

FINAL SCORE: _____   Quarter Total

Running Score

1	29	57
2	30	58
3	31	59
4	32	60
5	33	61
6	34	62
7	35	63
8	36	64
9	37	65
10	38	66
11	39	67
12	40	68
13	41	69
14	42	70
15	43	71
16	44	72
17	45	73
18	46	74
19	47	75
20	48	76
21	49	77
22	50	78
23	51	79
24	52	80
25	53	81
26	54	82
27	55	83
28	56	84

Alternating Possession | H V H V H V H V H V H V H V H V H V H V H V H V |

Defensive Warning ☐ ☐

HOME _____

Uniform Color _____

Team Fouls:

1st Half | 1 2 3 4 5 6 | 7 8 9 | 10 +

2nd Half | 1 2 3 4 5 6 | 7 8 9 | 10 +

1 + 1   2 Shots

Time Outs: 60 Secs | 1 2 3

30 Secs | 1 2

No.	U	Player	Fouls					SCORING: 3 = 3 point goal 2 = 2 point goal ● = FT Made ○ = FT missed			
								1st	2nd	3rd	4th
			1	2	3	4	5				
			1	2	3	4	5				
			1	2	3	4	5				
			1	2	3	4	5				
			1	2	3	4	5				
			1	2	3	4	5				
			1	2	3	4	5				
			1	2	3	4	5				
			1	2	3	4	5				
			1	2	3	4	5				
			1	2	3	4	5				
			1	2	3	4	5				

_____   Quarter Total

Running Score

1	29	57
2	30	58
3	31	59
4	32	60
5	33	61
6	34	62
7	35	63
8	36	64
9	37	65
10	38	66
11	39	67
12	40	68
13	41	69
14	42	70
15	43	71
16	44	72
17	45	73
18	46	74
19	47	75
20	48	76
21	49	77
22	50	78
23	51	79
24	52	80
25	53	81
26	54	82
27	55	83
28	56	84

BASKETBALL SCORE SHEET

Date _____

Game Time _____

Site _____

Court # _____

Referees _____

Type
- ☐ Traditional
- ☐ Unified

Sex
- ☐ Men
- ☐ Women

Age Group
- ☐ Youth
- ☐ Junior
- ☐ Senior
- ☐ Master
- ☐ Senior Master

Division
- ☐ 1
- ☐ 2
- ☐ 3
- ☐ 4
- ☐ 5
- ☐ 6
- ☐ 7
- ☐ 8

VISITORS _____

Team Fouls:

1st Half | 1 2 3 4 5 6 | 7 8 9 | 10 +

2nd Half | 1 2 3 4 5 6 | 7 8 9 | 10 +

1 + 1   2 Shots

Uniform Color _____

Time Outs: 60 Secs | 1 2 3

30 Secs | 1 2

No.	U	Player	Fouls					SCORING: 3 = 3 point goal 2 = 2 point goal ● = FT Made ○ = FT missed			
								1st	2nd	3rd	4th
			1	2	3	4	5				
			1	2	3	4	5				
			1	2	3	4	5				
			1	2	3	4	5				
			1	2	3	4	5				
			1	2	3	4	5				
			1	2	3	4	5				
			1	2	3	4	5				
			1	2	3	4	5				
			1	2	3	4	5				
			1	2	3	4	5				
			1	2	3	4	5				

FINAL SCORE: _____   Quarter Total

Running Score (Visitors)

1	29	57
2	30	58
3	31	59
4	32	60
5	33	61
6	34	62
7	35	63
8	36	64
9	37	65
10	38	66
11	39	67
12	40	68
13	41	69
14	42	70
15	43	71
16	44	72
17	45	73
18	46	74
19	47	75
20	48	76
21	49	77
22	50	78
23	51	79
24	52	80
25	53	81
26	54	82
27	55	83
28	56	84

Alternating Possession | H V H V H V H V H V H V H V H V H V H V H V H V | Defensive Warning ☐ ☐

HOME _____

Team Fouls:

1st Half | 1 2 3 4 5 6 | 7 8 9 | 10 +

2nd Half | 1 2 3 4 5 6 | 7 8 9 | 10 +

1 + 1   2 Shots

Uniform Color _____

Time Outs: 60 Secs | 1 2 3

30 Secs | 1 2

No.	U	Player	Fouls					SCORING: 3 = 3 point goal 2 = 2 point goal ● = FT Made ○ = FT missed			
								1st	2nd	3rd	4th
			1	2	3	4	5				
			1	2	3	4	5				
			1	2	3	4	5				
			1	2	3	4	5				
			1	2	3	4	5				
			1	2	3	4	5				
			1	2	3	4	5				
			1	2	3	4	5				
			1	2	3	4	5				
			1	2	3	4	5				
			1	2	3	4	5				
			1	2	3	4	5				

_____   Quarter Total

Running Score (Home)

1	29	57
2	30	58
3	31	59
4	32	60
5	33	61
6	34	62
7	35	63
8	36	64
9	37	65
10	38	66
11	39	67
12	40	68
13	41	69
14	42	70
15	43	71
16	44	72
17	45	73
18	46	74
19	47	75
20	48	76
21	49	77
22	50	78
23	51	79
24	52	80
25	53	81
26	54	82
27	55	83
28	56	84

BASKETBALL SCORE SHEET

Type		Age Group		Division			
☐ Traditional		☐ Youth		☐ 1		☐ 5	
☐ Unified		☐ Junior		☐ 2		☐ 6	
Sex		☐ Senior		☐ 3		☐ 7	
☐ Men		☐ Master		☐ 4		☐ 8	
☐ Women		☐ Senior Master					

Date _____
Game Time _____
Site _____
Court # _____
Referees _____

VISITORS _____   Uniform Color _____

Team Fouls:
1st Half | 1 | 2 | 3 | 4 | 5 | 6 | | 7 | 8 | 9 | | 10 | + |
2nd Half | 1 | 2 | 3 | 4 | 5 | 6 | | 7 | 8 | 9 | | 10 | + |
1 + 1   2 Shots

Time Outs: 60 Secs | 1 | 2 | 3 |
30 Secs | 1 | 2 |

No.	U	Player	Fouls					SCORING: 3 = 3 point goal 2 = 2 point goal • = FT Made ○ = FT missed			
								1st	2nd	3rd	4th
			1	2	3	4	5				
			1	2	3	4	5				
			1	2	3	4	5				
			1	2	3	4	5				
			1	2	3	4	5				
			1	2	3	4	5				
			1	2	3	4	5				
			1	2	3	4	5				
			1	2	3	4	5				
			1	2	3	4	5				
			1	2	3	4	5				
			1	2	3	4	5				
			1	2	3	4	5				
			1	2	3	4	5				

FINAL SCORE: _____   Quarter Total

Running Score

1		29		57
2		30		58
3		31		59
4		32		60
5		33		61
6		34		62
7		35		63
8		36		64
9		37		65
10		38		66
11		39		67
12		40		68
13		41		69
14		42		70
15		43		71
16		44		72
17		45		73
18		46		74
19		47		75
20		48		76
21		49		77
22		50		78
23		51		79
24		52		80
25		53		81
26		54		82
27		55		83
28		56		84

Alternating Possession | H | V | H | V | H | V | H | V | H | V | H | V | H | V | H | V | H | V | H | V | H | V | H | V | H | V |

Defensive Warning ☐ ☐

HOME _____   Uniform Color _____

Team Fouls:
1st Half | 1 | 2 | 3 | 4 | 5 | 6 | | 7 | 8 | 9 | | 10 | + |
2nd Half | 1 | 2 | 3 | 4 | 5 | 6 | | 7 | 8 | 9 | | 10 | + |
1 + 1   2 Shots

Time Outs: 60 Secs | 1 | 2 | 3 |
30 Secs | 1 | 2 |

No.	U	Player	Fouls					SCORING: 3 = 3 point goal 2 = 2 point goal • = FT Made ○ = FT missed			
								1st	2nd	3rd	4th
			1	2	3	4	5				
			1	2	3	4	5				
			1	2	3	4	5				
			1	2	3	4	5				
			1	2	3	4	5				
			1	2	3	4	5				
			1	2	3	4	5				
			1	2	3	4	5				
			1	2	3	4	5				
			1	2	3	4	5				
			1	2	3	4	5				
			1	2	3	4	5				
			1	2	3	4	5				

_____   Quarter Total

Running Score

1		29		57
2		30		58
3		31		59
4		32		60
5		33		61
6		34		62
7		35		63
8		36		64
9		37		65
10		38		66
11		39		67
12		40		68
13		41		69
14		42		70
15		43		71
16		44		72
17		45		73
18		46		74
19		47		75
20		48		76
21		49		77
22		50		78
23		51		79
24		52		80
25		53		81
26		54		82
27		55		83
28		56		84

BASKETBALL SCORE SHEET

Date _____

Game Time _____

Site _____

Court # _____

Referees _____

Type
- ☐ Traditional
- ☐ Unified

Sex
- ☐ Men
- ☐ Women

Age Group
- ☐ Youth
- ☐ Junior
- ☐ Senior
- ☐ Master
- ☐ Senior Master

Division
- ☐ 1
- ☐ 2
- ☐ 3
- ☐ 4
- ☐ 5
- ☐ 6
- ☐ 7
- ☐ 8

VISITORS _____   Uniform Color _____

Team Fouls:

1st Half | 1 | 2 | 3 | 4 | 5 | 6 | | 7 | 8 | 9 | | 10 | + |

2nd Half | 1 | 2 | 3 | 4 | 5 | 6 | | 7 | 8 | 9 | | 10 | + |

1 + 1   2 Shots

Time Outs: 60 Secs | 1 | 2 | 3 |

30 Secs | 1 | 2 |

No.	U	Player	Fouls					SCORING: 3 = 3 point goal 2 = 2 point goal ● = FT Made ○ = FT missed			
								1st	2nd	3rd	4th
			1	2	3	4	5				
			1	2	3	4	5				
			1	2	3	4	5				
			1	2	3	4	5				
			1	2	3	4	5				
			1	2	3	4	5				
			1	2	3	4	5				
			1	2	3	4	5				
			1	2	3	4	5				
			1	2	3	4	5				
			1	2	3	4	5				
			1	2	3	4	5				

FINAL SCORE: _____   Quarter Total

Running Score

1	29	57
2	30	58
3	31	59
4	32	60
5	33	61
6	34	62
7	35	63
8	36	64
9	37	65
10	38	66
11	39	67
12	40	68
13	41	69
14	42	70
15	43	71
16	44	72
17	45	73
18	46	74
19	47	75
20	48	76
21	49	77
22	50	78
23	51	79
24	52	80
25	53	81
26	54	82
27	55	83
28	56	84

Alternating Possession | H | V | H | V | H | V | H | V | H | V | H | V | H | V | H | V | H | V | H | V | H | V | H | V |

Defensive Warning | | |

HOME _____   Uniform Color _____

Team Fouls:

1st Half | 1 | 2 | 3 | 4 | 5 | 6 | | 7 | 8 | 9 | | 10 | + |

2nd Half | 1 | 2 | 3 | 4 | 5 | 6 | | 7 | 8 | 9 | | 10 | + |

1 + 1   2 Shots

Time Outs: 60 Secs | 1 | 2 | 3 |

30 Secs | 1 | 2 |

No.	U	Player	Fouls					SCORING: 3 = 3 point goal 2 = 2 point goal ● = FT Made ○ = FT missed			
								1st	2nd	3rd	4th
			1	2	3	4	5				
			1	2	3	4	5				
			1	2	3	4	5				
			1	2	3	4	5				
			1	2	3	4	5				
			1	2	3	4	5				
			1	2	3	4	5				
			1	2	3	4	5				
			1	2	3	4	5				
			1	2	3	4	5				
			1	2	3	4	5				
			1	2	3	4	5				

_____   Quarter Total

Running Score

1	29	57
2	30	58
3	31	59
4	32	60
5	33	61
6	34	62
7	35	63
8	36	64
9	37	65
10	38	66
11	39	67
12	40	68
13	41	69
14	42	70
15	43	71
16	44	72
17	45	73
18	46	74
19	47	75
20	48	76
21	49	77
22	50	78
23	51	79
24	52	80
25	53	81
26	54	82
27	55	83
28	56	84

BASKETBALL SCORE SHEET

Date	_____	
Game Time	_____	
Site	_____	
Court #	_____	
Referees	_____	

Type
- ☐ Traditional
- ☐ Unified

Sex
- ☐ Men
- ☐ Women

Age Group
- ☐ Youth
- ☐ Junior
- ☐ Senior
- ☐ Master
- ☐ Senior Master

Division
- ☐ 1   ☐ 5
- ☐ 2   ☐ 6
- ☐ 3   ☐ 7
- ☐ 4   ☐ 8

VISITORS _____

Uniform Color _____

Team Fouls:

1st Half: | 1 | 2 | 3 | 4 | 5 | 6 | | 7 | 8 | 9 | | 10 | + |

2nd Half: | 1 | 2 | 3 | 4 | 5 | 6 | | 7 | 8 | 9 | | 10 | + |

1 + 1   2 Shots

Time Outs: 60 Secs | 1 | 2 | 3 |

30 Secs | 1 | 2 |

No.	U	Player	Fouls					SCORING: 3 = 3 point goal 2 = 2 point goal • = FT Made O = FT missed			
								1st	2nd	3rd	4th
			1	2	3	4	5				
			1	2	3	4	5				
			1	2	3	4	5				
			1	2	3	4	5				
			1	2	3	4	5				
			1	2	3	4	5				
			1	2	3	4	5				
			1	2	3	4	5				
			1	2	3	4	5				
			1	2	3	4	5				
			1	2	3	4	5				
			1	2	3	4	5				

FINAL SCORE: _____   Quarter Total

Running Score

1	29	57
2	30	58
3	31	59
4	32	60
5	33	61
6	34	62
7	35	63
8	36	64
9	37	65
10	38	66
11	39	67
12	40	68
13	41	69
14	42	70
15	43	71
16	44	72
17	45	73
18	46	74
19	47	75
20	48	76
21	49	77
22	50	78
23	51	79
24	52	80
25	53	81
26	54	82
27	55	83
28	56	84

Alternating Possession | H | V | H | V | H | V | H | V | H | V | H | V | H | V | H | V | H | V | H | V | H | V | H | V |

Defensive Warning | | |

HOME _____

Uniform Color _____

Team Fouls:

1st Half: | 1 | 2 | 3 | 4 | 5 | 6 | | 7 | 8 | 9 | | 10 | + |

2nd Half: | 1 | 2 | 3 | 4 | 5 | 6 | | 7 | 8 | 9 | | 10 | + |

1 + 1   2 Shots

Time Outs: 60 Secs | 1 | 2 | 3 |

30 Secs | 1 | 2 |

No.	U	Player	Fouls					SCORING: 3 = 3 point goal 2 = 2 point goal • = FT Made o = FT missed			
								1st	2nd	3rd	4th
			1	2	3	4	5				
			1	2	3	4	5				
			1	2	3	4	5				
			1	2	3	4	5				
			1	2	3	4	5				
			1	2	3	4	5				
			1	2	3	4	5				
			1	2	3	4	5				
			1	2	3	4	5				
			1	2	3	4	5				
			1	2	3	4	5				

_____   Quarter Total

Running Score

1	29	57
2	30	58
3	31	59
4	32	60
5	33	61
6	34	62
7	35	63
8	36	64
9	37	65
10	38	66
11	39	67
12	40	68
13	41	69
14	42	70
15	43	71
16	44	72
17	45	73
18	46	74
19	47	75
20	48	76
21	49	77
22	50	78
23	51	79
24	52	80
25	53	81
26	54	82
27	55	83
28	56	84

BASKETBALL SCORE SHEET

Date _____

Game Time _____

Site _____

Court # _____

Referees _____

Type
- ☐ Traditional
- ☐ Unified

Sex
- ☐ Men
- ☐ Women

Age Group
- ☐ Youth
- ☐ Junior
- ☐ Senior
- ☐ Master
- ☐ Senior Master

Division
- ☐ 1   ☐ 5
- ☐ 2   ☐ 6
- ☐ 3   ☐ 7
- ☐ 4   ☐ 8

VISITORS _____

Uniform Color _____

Team Fouls: 1st Half | 1 | 2 | 3 | 4 | 5 | 6 | | 7 | 8 | 9 | | 10 | + |

2nd Half | 1 | 2 | 3 | 4 | 5 | 6 | | 7 | 8 | 9 | | 10 | + |

1 + 1   2 Shots

Time Outs: 60 Secs | 1 | 2 | 3 |

30 Secs | 1 | 2 |

No.	U	Player	Fouls					SCORING: 3 = 3 point goal 2 = 2 point goal • = FT Made ○ = FT missed			
								1st	2nd	3rd	4th
			1	2	3	4	5				
			1	2	3	4	5				
			1	2	3	4	5				
			1	2	3	4	5				
			1	2	3	4	5				
			1	2	3	4	5				
			1	2	3	4	5				
			1	2	3	4	5				
			1	2	3	4	5				
			1	2	3	4	5				
			1	2	3	4	5				
			1	2	3	4	5				

FINAL SCORE: _____   Quarter Total

Running Score

1	29	57
2	30	58
3	31	59
4	32	60
5	33	61
6	34	62
7	35	63
8	36	64
9	37	65
10	38	66
11	39	67
12	40	68
13	41	69
14	42	70
15	43	71
16	44	72
17	45	73
18	46	74
19	47	75
20	48	76
21	49	77
22	50	78
23	51	79
24	52	80
25	53	81
26	54	82
27	55	83
28	56	84

Alternating Possession | H | V | H | V | H | V | H | V | H | V | H | V | H | V | H | V | H | V | H | V | H | V | H | V |

Defensive Warning | | |

HOME _____

Uniform Color _____

Team Fouls: 1st Half | 1 | 2 | 3 | 4 | 5 | 6 | | 7 | 8 | 9 | | 10 | + |

2nd Half | 1 | 2 | 3 | 4 | 5 | 6 | | 7 | 8 | 9 | | 10 | + |

1 + 1   2 Shots

Time Outs: 60 Secs | 1 | 2 | 3 |

30 Secs | 1 | 2 |

No.	U	Player	Fouls					SCORING: 3 = 3 point goal 2 = 2 point goal • = FT Made ○ = FT missed			
								1st	2nd	3rd	4th
			1	2	3	4	5				
			1	2	3	4	5				
			1	2	3	4	5				
			1	2	3	4	5				
			1	2	3	4	5				
			1	2	3	4	5				
			1	2	3	4	5				
			1	2	3	4	5				
			1	2	3	4	5				
			1	2	3	4	5				
			1	2	3	4	5				
			1	2	3	4	5				

_____   Quarter Total

Running Score

1	29	57
2	30	58
3	31	59
4	32	60
5	33	61
6	34	62
7	35	63
8	36	64
9	37	65
10	38	66
11	39	67
12	40	68
13	41	69
14	42	70
15	43	71
16	44	72
17	45	73
18	46	74
19	47	75
20	48	76
21	49	77
22	50	78
23	51	79
24	52	80
25	53	81
26	54	82
27	55	83
28	56	84

BASKETBALL SCORE SHEET

Date _____

Game Time _____

Site _____

Court # _____

Referees _____

Type
☐ Traditional
☐ Unified

Sex
☐ Men
☐ Women

Age Group
☐ Youth
☐ Junior
☐ Senior
☐ Master
☐ Senior Master

Division
☐ 1 ☐ 5
☐ 2 ☐ 6
☐ 3 ☐ 7
☐ 4 ☐ 8

VISITORS _____

Uniform Color _____

Team Fouls: 1st Half | 1 2 3 4 5 6 | 7 8 9 | 10 +

2nd Half | 1 2 3 4 5 6 | 7 8 9 | 10 +

1 + 1 | 2 Shots

Time Outs: 60 Secs | 1 2 3

30 Secs | 1 2

No.	U	Player	Fouls					SCORING: 3 = 3 point goal 2 = 2 point goal ● = FT Made O = FT missed			
								1st	2nd	3rd	4th
			1	2	3	4	5				
			1	2	3	4	5				
			1	2	3	4	5				
			1	2	3	4	5				
			1	2	3	4	5				
			1	2	3	4	5				
			1	2	3	4	5				
			1	2	3	4	5				
			1	2	3	4	5				
			1	2	3	4	5				
			1	2	3	4	5				
			1	2	3	4	5				

FINAL SCORE: _____ | Quarter Total

Running Score

1	29	57
2	30	58
3	31	59
4	32	60
5	33	61
6	34	62
7	35	63
8	36	64
9	37	65
10	38	66
11	39	67
12	40	68
13	41	69
14	42	70
15	43	71
16	44	72
17	45	73
18	46	74
19	47	75
20	48	76
21	49	77
22	50	78
23	51	79
24	52	80
25	53	81
26	54	82
27	55	83
28	56	84

Alternating Possession | H V H V H V H V H V H V H V H V H V H V H V H V H V H V

Defensive Warning ☐ ☐

HOME _____

Uniform Color _____

Team Fouls: 1st Half | 1 2 3 4 5 6 | 7 8 9 | 10 +

2nd Half | 1 2 3 4 5 6 | 7 8 9 | 10 +

1 + 1 | 2 Shots

Time Outs: 60 Secs | 1 2 3

30 Secs | 1 2

No.	U	Player	Fouls					SCORING: 3 = 3 point goal 2 = 2 point goal ● = FT Made o = FT missed			
								1st	2nd	3rd	4th
			1	2	3	4	5				
			1	2	3	4	5				
			1	2	3	4	5				
			1	2	3	4	5				
			1	2	3	4	5				
			1	2	3	4	5				
			1	2	3	4	5				
			1	2	3	4	5				
			1	2	3	4	5				
			1	2	3	4	5				
			1	2	3	4	5				
			1	2	3	4	5				

_____ | Quarter Total

Running Score

1	29	57
2	30	58
3	31	59
4	32	60
5	33	61
6	34	62
7	35	63
8	36	64
9	37	65
10	38	66
11	39	67
12	40	68
13	41	69
14	42	70
15	43	71
16	44	72
17	45	73
18	46	74
19	47	75
20	48	76
21	49	77
22	50	78
23	51	79
24	52	80
25	53	81
26	54	82
27	55	83
28	56	84

Made in United States
North Haven, CT
31 October 2022

26151476R00057